Inhalt

Jean-Claude Bringuier

Jean Piaget – ein Selbstporträt in Gesprächen

Aus dem Französischen
von Enrico Heinemann und Reinhard Tiffert

Mit einem Vorwort zur deutschen Ausgabe
von May Widmer-Perrenoud

Biographie & Kontext
Herausgegeben von Sabine Andresen und Claus Koch

Titel der französischen Originalausgabe:
Conversations libres avec Jean Piaget
© Editions Robert Laffont S. A., Paris, 1977, 1999

Besuchen Sie uns im Internet:
www.beltz.de

Beltz Taschenbuch 763
2004 Beltz Verlag · Weinheim und Basel

1 2 3 4 5   08 07 06 05 04

© der deutschen Übersetzung: 1996 Europäische Verlagsanstalt, Hamburg
Das Buch erschien in der Europäischen Verlagsanstalt unter dem Titel:
Im Allgemeinen werde ich falsch verstanden. Unterhaltungen
Umschlaggestaltung: Federico Luci, Köln
Umschlagillustration: © Corbis Stock Market, Düsseldorf
Satz: Utesch Satztechnik GmbH, Hamburg
Druck und Bindung: Druckhaus Beltz, Hemsbach
Printed in Germany

ISBN 3 407 22763 9

MAY WIDMER-PERRENOUD
Vorwort zur deutschen Ausgabe 1996

Das Geheimnis seiner Kreativität liege darin, daß er »einen Dick-schädel« habe, sagt Jean Piaget in den hier vorgelegten Gesprächen zu Jean-Claude Bringuier. In der Tat: Jean Piaget (1896–1980), der Schöpfer der genetischen Psychologie und des erkenntnistheoretischen Konstruktivismus, hat ein monumentales Werk von nicht weniger als siebenhundert originalen Veröffentlichungen in den Bereichen der Biologie, der Psychologie, der Logik, der Mathematik und der Erkenntnistheorie hinterlassen.

Einheit, Kohärenz, Kontinuität, experimentelle Verifikation, Zielgerichtetheit kennzeichnen die Entstehung und Entwicklung seines Denkens. Mit elf Jahren schon veröffentlicht er, in einer lokalen Zeitschrift namens *Le Rameau de Sapin*, eine Beobachtung über einen Albino-Sperling. Sein früherwecktes Interesse für die Naturwissenschaften bekundet er durch Forschungen über die Fauna am Neuenburger See, insbesondre über die Limnea-Schnekke. Ihn beschäftigt, wie sich der Organismus an seine Umwelt anpaßt; er fragt nach den Gesetzen der Evolution. In seiner Adoleszenz liest er u. a. Bergsons *L'Evolution créatrice* und schreibt einen philosophischen Roman mit dem Titel *Recherche*, in dem er seine religiöse Krise verarbeitet und zugleich bereits auf Probleme stößt und Konzepte entwirft, die ihn ein Leben lang begleiten werden.

Mit zweiundzwanzig Jahren promoviert er und wendet sich der Erforschung des menschlichen Verhaltens zu, d. h. spezifisch und ausschließlich der Entwicklung des kognitiven Aspekts des menschlichen Verhaltens, der Intelligenz, dieses »Organs«, dessen Funktion die Anpassung an die Umwelt erst ermöglicht. Mit einer für manche Leser seiner Theorie verblüffenden, für ihn (und auch andere) jedoch konsequenten und fruchtbaren Zielsetzung setzt er Verhalten und aktive Intelligenz (Erkennen) gleich und grenzt andere Erkenntnisfelder und -formen aus seinem konzeptuellen Rahmen aus.

In Paris arbeitet er im »Laboratoire de psychologie de l'enfant« von Binet und findet dort das intellektuelle und kulturelle Klima, in dem er sein Lebens-Projekt zu verwirklichen beginnen kann, nämlich eine biologische Theorie der Formen und Normen der Vernunft zu erarbeiten. Durch Janet, Baldwin, Brunschvicg, Lévy-Bruhl, de Saussure angeregt, führt er eine Reihe groß angelegter Untersuchungen der Sprache und des Denkens, des moralischen Urteils und des Weltbildes des Kindes durch. Er liefert genaue und faszinierende Beobachtungen der kindlichen Auffassung der Naturphänomene und definiert das prälogische Denken als »Realismus«, »Adualismus«, »Artifizialismus« und »Partizipation«. Dabei konzentriert er sich darauf, was die Aktivität des Kindes für seine Bildung einer objektiven Erkenntnis und Logik bedeutet. Zwar sind Sprache und Sozialisation wichtige Faktoren, die dem Kind helfen, seine physischen Erklärungen zu objektivieren, aber sie sind nur relevant, weil sie Austausch und Kooperation mit andern Menschen ermöglichen. Piaget erklärt die Prozesse, die von der Egozentrik zur Objektivität führen, durch ein fortschreitendes Gleichgewicht zwischen der »Assimilation« der Welt oder des Objekts durch das Subjekt und der »Akkomodation« des Subjekts an das Objekt. *Das Weltbild des Kindes* (1926, dt. 1978) enthält die Schlüsselbegriffe der biologischen Erklärung, nämlich »Anpassung« und »Gleichgewicht«, »Assimilation« und »Akkomodation«, die den Kern von Piagets Theorie der kognitiven Entwicklung bilden.

Die Geburt seiner drei Kinder eröffnet Piaget die Möglichkeit, die Entstehung der Intelligenz in der Bildung senso-motorischer

Schemata und die Entwicklung der semiotischen Funktion zu untersuchen. Er läßt ein Spielzeug aus dem Wahrnehmungsfeld des Babys verschwinden, indem er es mit einem Tuch bedeckt, und beobachtet die Reaktionen des Babys im Lauf der ersten achtzehn Lebensmonate. Anhand dieser Experimente zeichnet er die Stufen der Konstruktion des Begriffs vom »permanenten Gegenstand« nach, diesem ersten jener grundlegenden Invarianzbegriffe des logischen Denkens. Die Erhaltung des Gegenstands im Raum und in der Zeit setzt den Aufbau einer Struktur voraus, die die höchste Gleichgewichtsform der motorischen Organisation darstellt: es sind die aufeinanderfolgenden Koordinierungen (»Komposition«), die Umkehrungen (»Reversibilität«), die Umwege (»Assoziativität«) und die Erhaltung der Positionen (»Identität«), die nach und nach eine mathematische »Gruppe« erzeugen, die alle diese Elemente enthält und in der keines von ihnen fehlen darf, wenn die Handlungen des Kinds im notwendigen Gleichgewicht bleiben sollen.

Dem Buch *Das Erwachen der Intelligenz beim Kinde* (1936) wird *Die Psychologie der Intelligenz* (1947, dt. 1966) folgen, in dem Piaget die sich im Laufe der Kindheit entwickelnden Strukturen der konkreten Operationen, jener verinnerlichten Handlungskoordinationen, und der formalen Operationen, jener konkreten Handlungen, die in Beziehung zu virtuellen Handlungen gedacht werden, herausarbeitet. Später werden die Untersuchungen u. a. in *Die Entwicklung der physikalischen Mengenbegriffe beim Kinde* (1969) weitergeführt. Doch bevor Piaget Modelle entwickelt, die den Intelligenzstrukturen zugrunde liegen, muß er dem Problem der Verinnerlichungsprozesse nachgehen, die die senso-motorischen Handlungen über die Entwicklung des Vorstellungsbilds und der Sprachzeichen zu Operationen führt. 1945 erscheint *Nachahmung, Spiel und Traum* (dt. 1969), in dem Piaget sich mit der Repräsentation und der Symbolbildung anhand einer Untersuchung des symbolischen Spiels und der Nachahmung befaßt. Die mit etwa anderthalb Jahren erworbene Fähigkeit, einen abwesenden Gegenstand als Vorstellungsbild zu bewahren, setzt die Symbolbildung voraus. Piaget führt die Entstehung der Repräsentation, der inneren Bilder auf die Verinnerlichung der Nachahmung zurück. Die Vorstellung ist für ihn kein sinnlicher Niederschlag wahrgenommener Gegenstände, sondern eine Akkomodation von senso-motorischen Schemata, eine aktiv entworfene Kopie. Sie ist eine innere Nachahmung und setzt die Akkomodation der Schemata der Wahrnehmungstätigkeit fort. Die nachahmenden Entwürfe schaffen die Bedeutungsträger, die *Signifiants* (»Bezeichnenden«) des Symbols, während im symbolischen Spiel – kraft schöpferischer Assimilation – dem Objekt Bedeutungen verliehen, die *Signifiés* (»Bezeichneten«) subjektiv angeeignet werden. In diesem spannenden, mit reichhaltigen Beobachtungen illustrierten Werk setzt sich Piaget ausführlich mit der Psychoanalyse, der Assoziationstheorie und der Gestalttheorie, kurz mit verschiedenen Erkenntnistheorien auseinander. Er setzt die Untersuchung des figurativen Aspekts des Denkens in seinen Forschungen über die Wahrnehmung, das innere Bild und das Gedächtnis fort. Ihm liegt daran, in Abgrenzung von aprioristischen und empiristischen Theorien zu demonstrieren, daß diese Funktionen sich nicht durch bloße Rezeptivität, Kopie oder passive Erhaltung der Wirklichkeit entwickeln, sondern durch eine operative Tätigkeit des Subjekts organisiert werden.

Von seiner biologisch-evolutionären Hypothese ausgehend ist es Piagets Ziel, zu erklären, wie die menschliche Vernunft sich in der Ontogenese konstituiert. Dieser Aufgabe geht er in den sechziger Jahren nach, indem er sich mit den Mechanismen der Entwicklung des logischen Denkens beschäftigt und Modelle entwirft, die seinen Forschungsgegenstand zu erfassen ermöglichen. Sein 1955 gegründetes »Centre international d'épistémologie génétique« eröffnet ihm die Möglichkeit des interdisziplinären Austauschs, u. a. mit der Mathematik und der Kybernetik.

»Wie kommt man zum Neuen? Das ist wohl die Kernfrage meines Lebens«, sagt Piaget zu Bringuier. Wie konstituieren sich neue Erkenntnisse, wie vollzieht sich der Übergang von einer bereits erworbenen Struktur zu einer Struktur von höherem Organisationsniveau? In seiner *Einführung in die genetische Erkenntnistheorie* (1950, dt. 1973) hatte Piaget zwei Erklärungsfaktoren vorgeschlagen: die reflektive Abstraktion und die Selbstregulation. Die Forschungen der siebziger Jahre zielen darauf, diese Erklärungsfaktoren experimentell zu untermauern. In Zusammenhang mit der reflektiven Abstraktion erscheinen 1974 *La prise de conscience* und *Réussir et comprendre*, in denen anhand der Problemlösungen von Kindern verschiedener Altersstufen gezeigt wird, daß der Übergang vom Impliziten zum Expliziten nicht aus einer einfachen Widerspiegelung resultiert. Die aus der Reflexion erzeugte Bewußtwerdung setzt die Konstruktion von differenzierteren Schemata voraus, die die Assimilation der Eigenschaften der Handlung und allgemeiner Eigenschaften ermöglicht. Doch hat der Bewußtwerdungsprozeß auch eine negative Folge, weil er zuerst die in einem früheren Stadium erworbenen Erkenntnisse deformiert. So stellt sich die Frage, wie auf einer höheren Stufe eine »adäquate« Widerspiegelung erzeugt werden kann. 1975 löst Piaget diese Frage in *L'équilibration des structures cognitives, problème central du développement*. Wenn das Kind die Denkschemata, die Konzepte aufbaut, die es befähigen, seine Errungenschaften und deren Logik auf einer höheren Ebene zu repräsentieren, so sind diese Konstruktionen einerseits durch die Kontrolle der logisch-mathematischen Erfahrung, andererseits aber auch durch einen Anspruch auf Äquilibration gesteuert. Das, was in den früher erworbenen Strukturen einen allgemeinen Wert hatte, wird in die neuen Konstruktionen integriert, was die Einheit des menschlichen Denkens garantiert. Jedes kognitive System ist lebendig und besteht aus Selbstregulierungsmechanismen. Es tendiert dazu, sich zu erhalten. Es möchte seine Kohärenz aufrechterhalten. (Vgl. Ducret, 1990, 99–108)[1]

Was bringt dieses Buch den Lesern?

In diesen Gesprächen gibt uns Piaget Einblicke in aktuelle Fra-

---

[1] Jean-Jacques Ducret: *Jean Piaget, Biographie et parcours intellectuel*, 1990

gen seiner Forschungsarbeiten. Er skizziert die Geschichte der Entwicklung seiner Konzepte; daher kann dieses Buch durchaus als Einführung zu seiner Theorie gelesen werden. Und er zeigt uns, in besonderen Augenblicken, seine persönlichen Motivationen und die effektiven Konstellationen, die seiner Theorie zugrunde liegen. Einheit, Kohärenz, Kontinuität und somit auch Eingrenzung, Abgrenzung und Ausgrenzung kennzeichnen diese. Die *Conversations libres* spiegeln *in vivo* Piagets Zielgerichtetheit wider, indem dieser die Fragen des einfühlsamen, neugierigen, unvoreingenommenen Interviewers nach andern möglichen Erkenntnisquellen und -formen, insbesondre nach der Psychoanalyse, mit einigem Widerstand beantwortet. Indessen liefert er nicht nur eine theoretische Stellungnahme zur Psychoanalyse. Er vertraut uns auch lebensgeschichtliches Material zu seiner Affektivität an, diesem »Motor des Verhaltens«. In dieser Hinsicht ist dieses Buch eines der seltenen Dokumente über Piagets emotionale Einstellung zur Psychoanalyse, und es wurde bezeichnenderweise bereits in jüngst erschienenen Arbeiten als Quelle benutzt.[2,3]

Das elfte Gespräch (»Das Gedächtnis. Jean Piagets Entführung«) scheint mir aus zwei Gründen von besonderem Interesse zu sein. Erstens wegen seines Inhalts und des eidetischen Charakters der vorliegenden Erinnerung und zweitens, weil Piaget sich in theoretische Widersprüche verwickelt, in denen seine Abwehrhaltung der Psychoanalyse gegenüber deutlich wird. Die von der Kinderfrau erzählte, vom kleinen Jean sinnlich-bildhaft festgehaltene Szene ist spektakulär. Das sehr junge, im Kinderwagen sitzende Kind hält sich – von seiner Mutter getrennt – bei der Großmutter auf. Vielleicht verdichten sich in diesem Entführungsszenario schmerzhafte Trennungen von der Mutter, gar Urszenen-Phantasien. In seiner Autobiographie (1952) schreibt Piaget, seine Mutter sei »eher neu-

2 Eva M. Schepeler. Jean Piagets Experiences on the Couch: Some Clues to a Mystery, *Int. Journ. Psycho-Anal*, 1993, 74.
3 Sybille Volkmann-Raue (Hg.): *Jean Piaget: Drei frühe Schriften zur Psychoanalyse*, Kore Verlag, 1993.

rotisch« gewesen und habe im Familienleben Unruhe gestiftet.
Vielleicht gibt diese »Erinnerung« einen Hinweis darauf, warum
der erwachsene Piaget dann, wie der schützende Polizist, dem Chaos und der Unordnung der mütterlichen Welt Einhalt gebieten und
erforschen wird, wie das Kind die Welt der physischen Gegenstände
erobert und handhabt, die, ganz anders als das menschliche Objekt,
berechenbar und beherrschbar sind. Jedenfalls enthält diese Erinnerung alle Eigenschaften einer »Deckerinnerung«. Bereits 1899
fragt Freud in seiner Abhandlung *Über Deckerinnerungen*: »Gibt es
Erinnerungen, von denen sich sagen läßt, daß sie wirklich *aus* unserer Kindheit aufsteigen, oder Erinnerungen, die sich *auf* unsere
Kindheit beziehen?« (GW I, 553) Und im *Wolfsmann* prägt Freud
den Begriff der Nachträglichkeit: »Der Wolfsmann versteht den Koitus zur Zeit des Traums mit 4 Jahren, nicht zur Zeit der Beobachtung« (mit anderthalb Jahren)[4]. Anders als der »mißtrauische« Piaget zu denken scheint, versteht die orthodoxe Psychoanalyse die
Erinnerung durchaus auch als eine Rekonstruktion und stimmt in
dieser Hinsicht mit seinen Forschungsergebnisse über das Gedächtnis überein.

Und dennoch: So interessant das Aufspüren emotionaler Konfigurationen und Abwehren, die Weglassungen und Eingrenzungen in der Theoriebildung mitbedingen, auch sein mag, so darf
doch nicht vergessen werden, daß gerade Piagets Konzentration
auf den kognitiven Aspekt der Erkenntnis ihm ermöglichte, Pionierforschungen über die Entwicklung des Kindes und des Heranwachsenden voranzutreiben. Seine Werke haben pädagogische Reformen bewirkt, die psychoanalytische Begriffsbildung angeregt
und beeinflußt[5, 6] und zahlreiche Beiträge zur Biologie, Mathematik, Kybernetik und Erkenntnistheorie geleistet.

4 *Aus der Geschichte einer infantilen Neurose*, 1918 (1914), GW XII, 64.
5 André Haynal: Freud und Piaget, in: *Psyche 1975*, 3.
6 Anne-Marie Sandler: L'apport de Piaget à la psychanalyse, *Revue Française de Psychanalyse*, 1976, 2.

Vorwort

Bei der Niederschrift der vorliegenden Gespräche, die zur Erleichterung der Lektüre eine gewisse Bearbeitung erfahren haben, sind größere Eingriffe vermieden worden: Ihr Wert und ihr besonderes Interesse liegen in ihrer Spontaneität. Ein Mann legt aus heutiger Sicht, aus der Perspektive des Befragten, Zeugnis über ein Werk ab, das er im Laufe eines halben Jahrhunderts erdacht und erschaffen hat. Mit diesen Gesprächen möchten wir eine Darstellung der Person Piagets und seines Werks bis in die aktuelle Gegenwart hinein geben, und dazu gehört die Veränderung der Perspektive, das Vergessen und die Obsessionen eines Wissenschaftlers, der das eigene Schaffen rekapituliert. Ein solches umfassendes Porträt, so glauben wir, liegt im Sinne Piagets, für den es von jeher charakteristisch war, während der aktuellen Forschungen vergangene Ergebnisse wieder aufzugreifen und zu überarbeiten. Und dies vermag Piaget nur dank seiner besonderen Hartnäckigkeit: von seinen Forschungen zur Botanik, Zoologie und zum menschlichen Verhalten bis zur Darstellung der Entwicklung des Geistes, eine historische und erkenntnistheoretische Untersuchung zugleich, hat er einen gewaltigen Bogen geschlagen.

Wenn wir einige oder vielleicht sogar die meisten Fragen ungeschickt oder naiv formuliert haben, so bitten wir hierfür um Verständnis. Wir haben sie nicht verändert, weil wir überzeugt sind, daß sie dem Leser, der Piaget nicht oder nur wenig kennt, den

Zugang zu seiner Gedankenwelt, die in diesen bald sehr alltäglichen, bald sehr fachlichen Gesprächen zum Ausdruck kommt, erleichtern können. Zu einer noch stärker vereinfachten Darstellung seines Denkens konnten wir ihn nicht bewegen.

Einleitung

Jean Piaget ist berühmt und doch fast ein Unbekannter. In der breiteren Öffentlichkeit weiß man über ihn gerade soviel, daß er als Gelehrter in Genf wirkte und anhand von Experimenten mit Kindern ein bedeutendes Werk geschaffen hat. In der Schweizer Kantonshauptstadt kennt man die hohe, leicht gebeugte Gestalt, die immer gleiche Baskenmütze und das weiße Haar ebenso wie das altgediente Fahrrad, auf dem er von seinem Haus am Stadtrand zur Faculté des Sciences fährt und jeden Samstag, bei jedem Wetter, lange Fahrten durch die nahe gelegenen Berge unternimmt.

Seine Mitarbeiter bewundern ihn nicht in erster Linie als Kinderpsychologen, sondern als Wissenschaftstheoretiker, der das Kind als Mittel zur Gewinnung von Erkenntnissen entdeckt hat; als Biologen, der 1920 auf Gedanken kam, die für die heute an allen wissenschaftlichen Zentren praktizierte Kybernetik von grundlegender Bedeutung sind; und schließlich als Erkenntnistheoretiker, dessen Seminare alljährlich Wissenschaftler aller Fachgebiete und Richtungen anziehen.

Dem Besucher, der sein Arbeitszimmer zum ersten Mal betritt, bietet sich ein malerisches und zugleich trügerisches Bild: das des einsamen Forschers nach Art Fabres oder Pasteurs, wie aus dem 19. Jahrhundert überliefert: ein quadratischer Raum, erhellt durch zwei Fenster, die zum Garten hinaus gehen. Um den hohen Ledersessel, an den Wänden, auf dem überladenen Tisch und unter ihm stapeln sich Bücher, Akten, Noten, Bündel und Berge Papier. In diesem reglosen Durcheinander entdeckt man eine Teekanne, einen Becher, ein Tabakgefäß und alte Hüte, die in der Bergluft verblaßt sind, und unpassend geradezu, ein Telefon...

Danksagung

Wir danken:
- dem Institut National de l'Audiovisuel und der Société Suisse de Radiodiffusion et Télévision. Sie haben uns Sendungen zu Jean Piaget zugänglich gemacht, die uns für diese Gespräche den Stoff lieferten.
- Madame Claude May für ihre effiziente Unterstützung.
- Allen Mitarbeitern Piagets, die uns darin unterstützt haben, dieses Porträt des Meisters detailreicher zu gestalten.

Was ist Psychologie?

Als ich eintrete, blickt er von seinen Manuskripten auf, schwenkt kurz mit seinem Drehstuhl und wendet sich mir zu.

Jean-Claude Bringuier: Lassen Sie sich nicht stören, wenn Sie zu Ende schreiben möchten...
(Er lächelt, hebt die Brille an.)
Jean Piaget: Keineswegs, im Satz innehalten ist am besten... Das erspart lange Anlaufzeiten. Ich achte beim Schreiben stets darauf, daß ich mitten in einem Absatz aufhöre. Ein Buch schreiben hat den großen Vorteil, daß man ein oder zwei Jahre damit beschäftigt ist. Ein Brief ist dagegen eine Arbeit am Stück, und zu jedem muß man sich erneut aufraffen.
(Ich blicke auf Berge Papier, überall türmen sich Dossiers.)
J.-Cl. B.: Sie haben ein merkwürdiges Arbeitszimmer. Das sieht man selten... Fast möchte man sagen, es ist unordentlich...
(Er lacht.)
J. P.: Wie Sie wissen, hat Bergson gezeigt, daß Unordnung nicht existiert! Es gibt nur zwei Formen von Ordnung: Die geometrische und die vitale. Meine ist eindeutig vital! Die Unterlagen, die ich brauche, liegen nach Häufigkeit ihres Gebrauchs in meiner Reichweite...
J.-Cl. B.: Nun, wenn man darunter eine Belegstelle von vor zehn oder fünfzehn Jahren finden will...

J. P.: Bei Unterlagen aus den unteren Schichten wird es problematisch. Aber man kann ja suchen. Das kostet weniger Zeit, als täglich aufzuräumen.

J.-Cl. B.: Und wenn geputzt wird…

J. P.: Hier wird nicht geputzt!

J.-Cl. B.: Nie?

J. P.: Nie!

J.-Cl. B.: Aber Ihre Frau…

J. P.: Sie ist so freundlich und rührt nichts an!

(Er zieht ein letztes Mal an seiner Pfeife. Am Anfang des Gesprächs ist die Katze des Hauses durch die Tür hereingeschlüpft. Piaget läßt seine Hand neben sich aus dem Drehstuhl hängen, und die Katze hat sich unter ihr niedergelassen.)

J. P.: Komm, Schatz, komm.

J.-Cl. B.: Sie folgt nicht gut.

J. P.: Sie weiß nicht so recht…

J.-Cl. B.: Wie heißt sie denn?

J. P.: »Katze«! Wozu braucht sie einen Namen?

J.-Cl. B.: Und sie kommt her, wenn Sie sie »Katze« rufen?

J. P.: Nein, das nicht. (Zur Katze:) Komm, Schatz! Auf »komm« reagiert sie weniger… Aber »nein« versteht sie bestens. Wenn sie draußen bleiben soll, muß man bloß »nein« sagen.

J.-Cl. B.: Ist sie ein richtiger Gefährte oder nur eine Art Spielzeug?

J. P.: Sie ist reizend, alle mögen sie sehr. Alle sind begeistert.

J.-Cl. B.: Darf sie auch bei der Arbeit zu Ihnen?

J. P.: Gern. Aber nicht auf die Knie. Nur neben mir. Komm, Schatz!

J.-Cl. B.: Bei Ihnen ist alles vertreten: An der Wand Insekten unter Glas, an den Fenstern Pflanzen. Auf welcher Stufe des Lebens fängt Psychologie bei Ihnen an?

J. P.: Nach meiner Überzeugung gibt es zwischen Lebendigem und Geistigem, zwischen Biologie und Psychologie keine Trennlinie. Sobald ein Organismus auf eine frühere Erfahrung reagiert und sich an eine neue Situation anpaßt, hat das schon sehr viel mit Psychologie zu tun.

24

J.-Cl. B.: Wenn sich zum Beispiel Sonnenblumen nach der So.....
ausrichten, ist das schon Psychologie?
(Er lächelt, überlegt und nickt.)
J. P.: Ich glaube, hier handelt es sich tatsächlich um ein Verhalten.
J.-Cl. B.: Gibt es keine Trennlinie zwischen den Sonnenblumen
und uns?
J. P.: Nein. Das ist die Kernthese meines Buchs *Biologie und Er-
kenntnis*, in dem ich die Isomorphismen aufzuzeigen versuche…
J.-Cl. B.: Die Analogien?
J. P.: Ja, zwischen den organischen Steuerungsmechanismen und
den kognitiven Prozessen, den Bewußtseinsprozessen. Es gibt
Strukturen des Organismus und Strukturen der Intelligenz: Ich
versuche zu zeigen, daß die einen den anderen vorangehen, und
daß die Logik beispielsweise aus der allgemeinen Koordination
des Handelns hervorgeht, daß diese Koordination auf nervlichen
Koordinationen beruht und diese ihrerseits auf organischen Koordinationen beruhen.
J.-Cl. B.: Wenn Sonnenblumen folglich ein Stück »Psychologie«
sind, kann man das dann auf der Stufenleiter des Lebendigen weiter hinab verfolgen? Und bis wohin?
J. P.: Bis wohin? Wenn man beispielsweise Filme des Biologen
Paul Weiß über die inneren Abläufe der Zelle sieht, dann kann man
sich diese Frage stellen. Paul Weiß sagt völlig zu Recht, daß man
diese Abläufe am besten in Begriffen des Verhaltens beschreibt.
Die sind treffender als reine chemisch-physikalische Begriffe.
Wenn man also schon im Inneren der Zelle auf »Verhalten« stößt,
dann wird das Spektrum des Verhaltens gewaltig erweitert, und damit auch das der Psychologie, die ja nicht einfach die Wissenschaft
vom Bewußtsein, sondern die vom Verhalten im allgemeinen ist.
J.-Cl. B.: Vom Verhalten.*
J. P.: Vom Verhalten, wie mein Lehrer Janet sagte.

* A. d. Ü.: Bringuier und Piaget gebrauchen an dieser Stelle den Begriff »conduit«
im Gegensatz zum zuvor benutzten »comportement«. Im Deutschen gibt es kein
entsprechendes Begriffspaar.

Der lebende Organismus ist zur Vorsorge, zur Antizipation in der Lage… In der Welt des Lebendigen gibt es allerlei Arten von Antizipation. Sie haben von den Pflanzen gesprochen, die ich beobachte: Tatsächlich sind in der Knospe beispielsweise Ansätze der Blüte erkennbar, und in den verschiedenen Phasen der Embryonalentwicklung kann man die verschiedenen Organe des Erwachsenenalters erkennen usw.

Nun, ich wollte mich mit einer Antizipation befassen, die sehr viel stärker variiert und eine detailliertere Analyse bei einzelnen Arten ermöglicht.

Bei diesen Pflanzen, einem Sedum, fallen die Seitentriebe auf den Boden, wachsen und ergeben neue Pflanzen, bei denen ein weiteres Abfallen der Seitentriebe durch Bruchstellen bereits angelegt ist, usw. Eine ganze Reihe von Antizipationen, die bei einer Art, von einer Umgebung zur anderen usw., gewaltig variiert. Und all das bei Lebewesen ohne Nervensystem, ohne Gehirn. Nun, das hat mich interessiert, so daß ich mich näher damit befaßt habe. Sie sehen hier allerdings nur einen Teil dieser Pflanzen, die heikelsten, die einen geschützten Standort brauchen. Weitere kultiviere ich im Garten.

J.-Cl. B.: Aber diese Vorwegnahmen, diese Antizipationen sind doch gewiß blind? Ich meine, sie geschehen doch nicht »bewußt« als Antizipationen.

J. P.: Über ein eventuelles Bewußtsein im Pflanzenreich wissen wir nichts.

J.-Cl. B.: Glauben Sie nicht daran?

J. P.: Ich weiß es nicht! Über das Bewußtsein von Tieren wissen wir ja auch nichts, trotzdem kann man daran glauben. Man weiß nicht, wann bei einem Säugling oder einem Fötus das Bewußtsein beginnt. Aber das ist kein Problem.

(Er merkt, daß ich überrascht bin.)

J. P.: Nein! Die Psychologie ist keine Wissenschaft vom Bewußtsein, sie ist eine Wissenschaft vom Verhalten! Untersucht wird das Verhalten, einschließlich der Bewußtwerdung, wenn man Zugriff auf sie hat. Aber wenn nicht, ist das kein Problem.

J.-Cl. B.: Heißt das, Psychologie beginnt dort, wo etwas auf sie hindeutet?

J. P.: Wenn der Organismus auf äußere Situationen bezogen ein Verhalten zeigt und Probleme löst. Und sobald diese Problemlösung nicht erblich vorprogrammiert ist wie beim Instinkt, dann haben wir es mit einer Psychologie zu tun, die der menschlichen sehr ähnlich ist.

Im Falle des Instinktes handelt es sich um eine besondere Psychologie beim Tier, ein Kapitel neben anderen.

(Schatz, die »namenlose Katze«, liegt inzwischen schnurrend in Piagets Schoß.)

J.-Cl. B.: Wo fängt Bewußtsein im Tierreich an?

J. P.: Nun, das ist ein unlösbares Problem, es gibt kein Kriterium... Ich könnte mir vorstellen, daß es Grade des Bewußtseins auf allen Stufen gibt..., aber eben Grade. Man kann sich einer Handlung bewußt sein und sie nicht richtig realisieren. Das nenne ich elementares Bewußtsein. Ich bin beispielsweise kein visueller Typ. Beim Spaziergang ziehe ich meine Uhr heraus und sage mir dann laut oder leise die Uhrzeit vor. Wenn ich auch noch einen Glockenschlag höre, erinnere ich mich an die Uhrzeit genau. Wenn ich sie mir dagegen nicht vorgesagt habe und alles visuell bleibt...

J.-Cl. B.: ...dann vergessen Sie sie wieder!

J. P.: Eine Minute später ziehe ich meine Uhr erneut heraus, und dann fällt mir wieder ein, wie spät es ist. Ich war mir der Uhrzeit also schon beim ersten Mal bewußt, habe sie aber ganz vergessen, weil ich sie nicht richtig integriert habe. Ich bin mir beim Blick auf meine Uhr sicher bewußt gewesen, wie spät es ist, aber mangels einer Integration erlöscht das Bewußtsein in dem Augenblick, in dem ich nicht mehr auf die Uhr sehe. Wenn ich mir dagegen etwa vorsage: »vierzehn Uhr fünf«, dann bleibt die Uhrzeit in Erinnerung.[1]

---

1 Piagets Uhr ist wie seine Baskenmütze berühmt. Sie stammt von seinem Großvater, einem Uhrmacher. Er trägt sie an einer Kette in der Westentasche stets bei sich und zieht sie ostentativ heraus, wenn ein Redner auf einer Konferenz oder einem Symposium vom Thema abschweift. Piaget ist überpünktlich und er-

J.-Cl. B.: Aber im alltäglichen Sinn des Wortes heißt Bewußtsein doch wissen, daß man sich bewußt ist…*

J. P.: Nein, das geht schon weiter.

J.-Cl. B.: Das ist der gewöhnliche, geläufige Sinn des Wortes »Bewußtsein«.

J. P.: Das ist bereits ein Bewußtsein auf höherer Stufe.

J.-Cl. B.: Ist diese Stufe dem Menschen vorbehalten?

J. P.: Ich glaube nicht.

J.-Cl. B.: Haben Schimpansen diese Stufe erreicht?

J. P.: Ich denke schon!

(Pause. Piaget und ich ziehen an unseren Pfeifen. Schatz schläft.)

J.-Cl. B.: Wenn ich sage: Ich habe ein Heft in der Farbe Gelb und Blau, dann weiß ich nie, ob Sie das gleiche Gelb und Blau sehen wie ich.

J. P.: Das Bewußtsein der anderen ist offenbar undurchdringlich.

J.-Cl. B.: Wird man dieses Geheimnis eines Tages lüften?

J. P.: Möglicherweise erhält man physiologische Aufschlüsse, wenn man den Wachzustand des Gehirns untersucht.

J.-Cl. B.: Wie das?

J. P.: Die Wellenlinien eines Elektroenzephalogramms verraten doch, ob Aufmerksamkeit oder Wachsamkeit im Gegensatz zur völligen Passivität besteht. Folglich ist es möglich, daß man mit elektrischen Mitteln den Zustand des Bewußtseins im Vergleich zum Nicht-Bewußtsein aufdeckt.

J.-Cl. B.: Geht es hier denn um eine Quantität und nicht um eine Qualität?

scheint zu Arbeitssitzungen, Verabredungen, am Bahnhof oder Flughafen immer zu früh. Im Flugzeug läßt er sich stets einen Platz an der Fahrgasttür geben, damit er als erster aussteigen kann. Diese Marotten erklärt er so: »Ich bin drei Wochen zu spät auf die Welt gekommen und habe die Zeit niemals aufgeholt!« Wie man noch sehen wird, hat er es in Wahrheit deshalb so eilig, weil weitere Werke auf Fortsetzung der Arbeit oder auf Vollendung warten…

* A. d. Ü.: Abweichend vom deutschen »Bewußtsein« beinhaltet das französische »conscience« eine Grundbedeutung im Sinne von »Wissen um die eigenen seelischen Vorgänge«.

J. P.: Das nicht, aber es wäre schon sehr hilfreich, wenn man das Verfahren beim Tier anwenden könnte.

J.-Cl. B.: Wir sprachen vom Verhalten der Zelle. Hat Sie Molekularbiologie nie gereizt?

J. P.: Das wäre etwas spät... Ich habe die Biologie im Alter von zwanzig Jahren aufgegeben und bin zu alt für einen Neubeginn... Natürlich reizt sie mich.

J.-Cl. B.: Warum haben Sie sie dann aufgegeben?

J. P.: Ein ganz praktischer Grund war meine Ungeschicklichkeit. Meine Schnitte mit dem Mikrotom sind immer verunglückt.

J.-Cl. B.: Und wissen Sie, woher diese Ungeschicklichkeit kam?

J. P.: Nun, vor allem daher, daß ich keine Freude daran hatte. Wo ein systematisches Interesse besteht, entwickelt man dagegen Sicherheit. Im Labor, in der Biologie, braucht man viel mehr Geduld! Die Psychologie ist noch ein so unbekanntes Gebiet, daß man jederzeit und recht rasch etwas Neues herausfinden kann... Dagegen ist die Biologie immerhin um ein Jahrhundert im Vorsprung, und so ist in ihr mehr Arbeit notwendig, um auf Neuland zu stoßen! Und dann interessierte mich das menschliche Denken, die Philo... (Er korrigiert sich.) die Erkenntnistheorie.

J.-Cl. B.: Beinahe hätten Sie »Philosophie« gesagt!

J. P.: Das hätte ich beinahe gesagt. Aber der Begriff ist gefährlich.

J.-Cl. B.: Warum gefährlich?

J. P.: Weil er sehr mißverständlich ist. Und mich interessierten erkenntnistheoretische Fragen, insofern man sie, wie in der Biologie, wissenschaftlich angehen kann. Um die Brücke zwischen Biologie und Erkenntnistheorie zu schlagen, war eine Betrachtung der geistigen Entwicklung, der Entwicklung von Intelligenz, der Entstehung von Begriffen notwendig...

J.-Cl. B.: Ja. Das bezeichnen Sie als Erkenntnistheorie: Die Theorie des Wissens, die Epistemologie.

J. P.: Und ich glaube, um die Erkenntnistheorie objektiv und wissenschaftlich betreiben zu können, darf man sich nicht an höheren Formen von Erkenntnis orientieren. Man muß vielmehr den Prozeß ihrer Entstehung aufdecken, dem Fortschreiten von einer niederen zu einer höheren Form der Erkenntnis, ein Prozeß, der sich im Hinblick auf die geistige Stufe und den Standpunkt des Subjekts vollzieht. Die Betrachtung dieser Transformationen der Erkenntnis, die fortschreitende Anpassung des Wissens, das nenne ich genetische Erkenntnistheorie. Und für einen Biologen ist sie die einzig mögliche Perspektive, davon bin ich jedenfalls überzeugt.

J.-Cl. B.: Was in Ihrer Vergangenheit hat Sie zu dieser Forschung geführt? Wie sind Sie dazu gekommen? Was war Ihr Vater?

J. P.: Er war Historiker.

J.-Cl. B.: Sie sind folglich im akademischen Milieu aufgewachsen?

J. P.: Ja, und er hat mir vom Studium der Geschichtswissenschaften dringend abgeraten.

J.-Cl. B.: Warum?

J. P.: Weil es keine ernst zu nehmende Wissenschaft sei. Er war überzeugt, man könne die Behauptungen, die man aufstellt, nicht verifizieren.

J.-Cl. B.: Haben Sie von ihm diese Vorliebe für Fakten?

J. P.: Natürlich.

J.-Cl. B.: Was für eine Art Jugendlicher waren Sie?

J. P.: Ich habe mich sehr früh mit Zoologie beschäftigt. Ich habe viel über Mollusken geforscht.

J.-Cl. B.: Haben Sie schon sehr früh eine aufsehenerregende Entdeckung gemacht? Oder besser, haben Sie auf sich aufmerksam gemacht?

J. P.: Ich habe Bestandsaufnahmen gemacht und Forschungen zur Anpassung getrieben.

J.-Cl. B.: Gewisse Kleinorganismen, die unter bestimmten Umständen die Form verändern und unter anderen nicht…

J. P.: Ja, die Formveränderungen des Gehäuses von Schlammschnecken je nach Unruhe des Gewässers.

J.-Cl. B.: War das zu der Zeit völlig neu? Hatte sich damit noch keiner befaßt?

30

J. P.: Es gibt Spezialisten für Weichtiere, aber wenige...
J.-Cl. B.: Und wie alt waren Sie damals?
J. P.: Ich habe ganz früh angefangen. Ich hatte das Glück, daß mein Lehrer im Städtchen Neuenburg keine Hilfskraft hatte. Ich ging dort auf die höhere Schule und diente ihm als »Famulus«, wie er es nannte. Ihm verdanke ich mein Wissen über Weichtiere.
J.-Cl. B.: War er Biologe?
J. P.: Zoologe. Als er starb, begann ich selbständig zu forschen und zu veröffentlichen.
J.-Cl. B.: Damals waren Sie dreizehn oder vierzehn?
J. P.: Ja.[2]
J.-Cl. B.: Wie kam es zum Wechsel zur Psychologie?
J. P.: Ich wollte die Umstände begreifen, unter denen Erkenntnisse entstehen. Das war bereits ein erkenntnistheoretisches Interesse. Was allgemeine Begriffe angeht, kommt man mit Weichtieren nicht sehr weit... Im übrigen las ich Kant und Bergson und wollte einen Berührungspunkt zwischen den Fakten und der Reflexion finden.
J.-Cl. B.: Und wie ging es dann weiter?
J. P.: Wenn man sich mit einem psychologischen Gegenstand zu beschäftigen beginnt, ist man betroffen, wie wenig präzise Erkenntnisse es gibt. Dann folgt eins aufs andere!
J.-Cl. B.: Sie haben mit Binet zusammengearbeitet, in Paris glaube ich.[3]
J. P.: Nein, Binet war bereits tot, aber ich habe in seinem Laboratorium mit seinem Mitarbeiter Simon gewirkt. Er wohnte nicht in Paris und konnte so zum Glück auch nicht nachprüfen, was ich trieb!

2 1911: »Mollusques du Val d'Herens«, in: *Rameau de sapin*, Nr. 45. »Les limneés des lacs de Neuchâtel et Morat«, in: *Journal de conchyliologie*. Erster erschienener Artikel: »Un moineau albinos«, in: *Rameau de sapin*, 1907. Piaget war damals elf Jahre alt.

3 Das Werk Alfred Binets in der experimentellen Psychologie steht am Anfang der Methodik zu Intelligenztests. (Staffeltest von Binet-Simon.) Von Piagets Ansicht zu diesen Tests ist an späterer Stelle die Rede.

J.-Cl. B.: War es denn nicht die reine Lehre?

J. P.: Keineswegs... Deshalb habe ich allein gearbeitet.

J.-Cl. B.: Das müssen Sie mir genauer erzählen.

J. P.: Ich sollte für Simon englische Tests in Französisch standardisieren. Diese Tests waren hervorragend, was die logische Struktur angeht. Sie weckten bei mir sofort das Interesse am Denken des Kindes, an seinen Schwierigkeiten und Fehlleistungen, an deren Ursachen und an den Strategien, mit denen das Kind zu den richtigen Lösungen zu kommen versucht. Alles in allem tat ich genau das, was ich seither unaufhörlich getan habe: qualitative Analysen durchführen, statt Statistiken zu richtigen oder falschen Antworten erstellen.

J.-Cl. B.: Sie waren noch sehr jung, als Sie eine Art Essay, die *Recherches*, geschrieben haben. Der Held hieß doch Sébastien?

J. P.: Ja.

J.-Cl. B.: Dieses Werk war etwas rousseauistisch, eine Art philosophischer Essay.

J. P.: Genau das, aber ich war klug genug, um zu wissen, daß er diskutabel, ja versponnen war. Wenn er durchgehen sollte, mußte ich aus ihm eine Art Roman machen.

J.-Cl. B.: Wie alt waren Sie damals?

J. P.: Zwanzig Jahre.

J.-Cl. B.: Haben Sie ihn später wieder gelesen?

J. P.: Ich glaube nicht... Immerhin habe ich einige Gedanken weiterverwertet... Die Äquilibration, die Assimilation.[4]

J.-Cl. B.: Waren Sie Sébastien?

J. P.: Ja.

---

4 Die Geschlossenheit von Piagets Werk ist bemerkenswert: Diese ersten Konzepte hat er in Phasen unablässig weiter ausgefeilt. Vor allem der Gedanke der Äquilibration taucht sechzig Jahre später als Thema einer neuen Studie auf: *Die Äquilibration der kognitiven Strukturen*, ebenso während der Diskussion des Symposiums von 1976 (siehe an späterer Stelle).

Weisheit und Illusionen der Philosophie

Seit vierzig Jahren setzt sich Piaget jeden Morgen mit dem Gedanken an ein Werk, das er vollenden möchte, an den Schreibtisch.

J. P.: Ich kenne keinen Sonntag, ich arbeite jeden Tag.

J.-Cl. B.: Wie lange?

J. P.: Vier oder fünf Seiten.

J.-Cl. B.: Sie rechnen nicht in Stunden, sondern in Seiten?

J. P.: Ja, seit vielen Jahren, leider!

J.-Cl. B.: Machen Sie nie Urlaub?

J. P.: Ich arbeite im Urlaub, das ist genau das Richtige! Man wird nicht gestört.

J.-Cl. B.: Gönnen Sie sich keine Vergnügungen? Gehen Sie nie aus? Gelegentlich ins Kino zum Beispiel?

J. P.: Nein. Nie. Das heißt, im Kino war ich schon viermal.

J.-Cl. B.: Viermal in Ihrem ganzen Leben?

J. P.: Einmal auf einem Überseedampfer auf dem Atlantik, das war blödsinnig. Ein weiteres Mal in Bologna, weil es geregnet hat, das war dürftig, und dann zwei weitere Male, als ich Raimu sehen wollte. Das fand ich prima. Für Wiederholungen hatte ich keine Zeit.

J.-Cl. B.: Lesen Sie? Lyrik zum Beispiel?

J. P.: Lyrik gar nicht. Da habe ich keinen Zugang, oder vielleicht hatte ich einfach nicht das Glück, auf etwas zu stoßen, das mein Interesse geweckt hätte… Romane schon.

J.-Cl. B.: Also lesen Sie Romane?

J. P.: Aber sicher! Giono. Diese Einbildungskraft ist einfach phantastisch!

J.-Cl. B.: Ist das für einen Mann wie Sie nicht Zeitverschwendung! Zu welchen Gelegenheiten lesen Sie?

J. P.: Am Abend natürlich. Abends arbeite ich nicht... Ich lese oder lese wieder. Wie oft ich Proust schon von vorn bis hinten durchgelesen habe...

J.-Cl. B.: Ich kann mir nicht vorstellen, wie das zu Ihnen paßt?

J. P.: Proust?

J.-Cl. B.: Ja.

J. P.: Nun, Proust enthält eine hervorragende Erkenntnistheorie! Seine Art, eine Person über eine Reihe aufeinander folgender Perspektiven zu rekonstruieren! Die verschiedenen Blicke auf Charlus... Ich habe keine Zeit gefunden, aber es hat mich oft gereizt, eine Erkenntnistheorie Prousts zu schreiben. Sie ist ganz ähnlich wie die von Léon Brunschvicg. Beide waren übrigens Klassenkameraden.

J.-Cl. B.: Das sollten Sie tun! Sie würden eine Menge Leute überraschen.

J. P.: Vielleicht...

J.-Cl. B.: Bei unserem letzten Gespräch haben Sie philosophischen Spekulationen gegenüber gewisse Vorbehalte geäußert. Steht bei Ihnen nicht einfach die Bescheidenheit, die Vorsicht dieses Wissenschaftlers, der Sie sein möchten und auch sind, der Freude am Denken im Wege?

J. P.: Ich glaube nicht, daß es möglich ist, auf experimentellem Gebiet Neues zutage zu fördern, ohne sich von der Reflexion, von Gedanken leiten zu lassen.

J.-Cl. B.: Was haben Sie dann gegen Philosophen? Philosophen haben dafür ja eine Vorliebe.

J. P.: Hören Sie: Ich habe gegen Philosophen schon deshalb nichts, weil ich diese Disziplin an der Universität Neuenburg vier Jahre lang selbst gelehrt habe… Aber im Unterricht der Philosophie habe ich gesehen, wie leicht man ins Reden kommt…

J.-Cl. B.: Sie meinen: ins Unsinn-Reden.

J. P.: Genau, ins Unsinn-Reden! Man rechtfertigt irgendeine These, die auf schwankendem Boden steht, man stellt sie als bewiesen hin, man… Ich habe die Spekulation in der Tat am eigenen Leib als gefährliche Verlockung erfahren. Es zieht einen ganz von selbst dahin! Spekulieren ist soviel einfacher als Fakten sammeln! Man sitzt in seinem Arbeitszimmer und errichtet ein System, und wunderbar! Meine biologische Vorbildung machte mich allerdings sensibel für die Fragwürdigkeit solcher Unternehmen… Das heißt freilich nicht, daß ich die Philosophie ohne Unterschiede ablehne! Im übrigen habe ich ein Nachwort für die zweite Auflage meines Bändchens *Weisheit und Illusionen der Philosophie* geschrieben, denn ich hatte zwischenzeitlich besser erfaßt, wie man Philosophen direkt ansprechen muß. Ricœur, Jeanson und andere hatten mich während einer Diskussion der »Union rationalist« auf den richtigen Weg gebracht. In diesem Vorwort bekenne ich mich klar dazu, daß ich der Philosophie gewaltig viel, die Fragen, mit denen ich mich befaßt habe, verdanke. Und ich denke, die philosophische Reflexion ist für einen Gelehrten, für jede Forschung, unabdingbar. Aber sie führt nur zu Fragestellungen, nicht zu deren Lösungen… Die Reflexion ist ein heuristischer Prozeß, kein Mittel zur Verifikation. Sehen Sie, zweierlei muß man immer unterscheiden: die Reflexion als Vorgang, der Probleme aufwirft, und dann die Art, wie diese Probleme gelöst werden. Dies geschieht vor allem durch Überprüfung und Verifikation, und ohne sie kann man meiner Meinung nach nicht von Erkenntnis sprechen. Ich mache der Philosophie den Vorwurf, daß sie glaubt, sie gewinne Erkenntnisse, während Erkenntnis nach meiner Vorstellung die Verifikation und diese wiederum immer eine genaue Abgrenzung der Fragestellung voraussetzt. Und diese Abgrenzung muß so aussehen, daß eine

kollektive Verifikation und gegenseitige Überprüfung möglich
ist...

J.-Cl. B.: Ich frage mich, ob Sie an der Philosophie nicht einfach
die Metaphysik angreifen.

J. P.: Ja, natürlich.

J.-Cl. B.: Im übrigen sprechen Sie in *Weisheit und Illusionen der
Philosophie* von bestimmten Philosophen und von anderen nicht.
Von Heidegger sprechen Sie beispielsweise nicht.

J. P.: Ich spreche von Philosophen, die eine Erkenntnistheorie erarbeitet haben, die also den Anspruch erhoben haben, mit der Wissenschaft auf deren Gebiet zu rivalisieren.

J.-Cl. B.: Ist Metaphysik denn etwas anderes? Sie ist doch eine
Meditation über das Sein... Ich weiß nicht, ob sie eine Form der
Erkenntnis ist, aber wenn ja, dann ist sie völlig anders als die ande-
ren, die von der Wissenschaft vermittelten Formen von Erkennt-
nis. Sehen Sie das anders? (Pause) Kann es nur wissenschaftliche
Erkenntnisse geben?

J. P.: Verstehen wir uns recht. Was ist Erkenntnis? Stimmen Sie
mit mir überein, daß ein Problem zu verschiedenen widersprüchli-
chen Lösungen führen kann? (Ich mache eine zustimmende Geste.) Na also! Was nennen Sie dann Erkenntnis? Nennen Sie mir
ein Beispiel von zwei Metaphysikern, die miteinander harmonie-
ren, ohne daß der eine Schüler des anderen ist.

J.-Cl. B.: Ich glaube, ein religiöser Mensch hat beispielsweise eine
Erkenntnis des Göttlichen. Er nennt sie so. Die Mystik nimmt für
sich in Anspruch, die Erkenntnis des Unsagbaren zu sein.

J. P.: Meinetwegen. Das ist eine Frage der Worte, der Semantik.
Ich habe Schwierigkeiten, die Erkenntnis einer Gruppe von Menschen, einer Gruppe von noch so respektablen Personen Erkenntnis zu nennen, wenn diese nicht von anderen geteilt werden kann.
Das ist keine Erkenntnis mehr, das ist per Definition Glaube. Ein
Glaube, der übrigens durchaus rationalistisch sein kann... Der
auch Respekt verdient und alles, was Sie wollen... Aber Erkenntnis beginnt da, wo sie mitteilbar und überprüfbar wird.

J.-Cl. B.: Auch meßbar?

J. P.: Nicht unbedingt! Es gibt qualitative Erkenntnisse. In der Psychologie und der Logik ist nicht alles meßbar. Aber Erkenntnis beginnt, wenn es gelingt, sich durch eine schrittweise Annäherung mit gegenseitigen Überprüfungen und Verifikationen zu einigen.

J.-Cl. B.: Sich also auf Fakten zu einigen.

J. P.: Auf Fakten oder Einsichten! Ich bezweifle, daß man mathematische Wahrheiten Fakten nennen kann. Wenn jemand beim Beweis eines Lehrsatzes einen Fehler macht, wird dieser Fehler korrigiert. In der Metaphysik erlebt man das nicht. Die hat von Platon bis Heidegger, den Sie ins Spiel gebracht haben, keinen Fortschritt gemacht.

J.-Cl. B.: Den Gedanken an Fortschritt hat die Wissenschaft aufgebracht.

J. P.: Sie hat den Gedanken an Fortschritt nicht nur aufgebracht, sie hat diesen Fortschritt verwirklicht!

J.-Cl. B.: Weil sie sich immer wieder selbst überholt…

J. P.: Alle wissenschaftlichen Theorien sind rasch überholt, aber die nachfolgenden profitieren von den vorangegangenen und verbessern sie. In der Metaphysik vermag ich das nicht zu sehen, und folglich habe ich Mühe, sie Erkenntnis zu nennen.

(Pause)

J.-Cl. B.: Seit wann besitzt der menschliche Geist die Fähigkeit, mit dieser Art Erkenntnis, wie Sie sie beschrieben haben, umzugehen?

J. P.: Schon seit den Griechen! Ich sage Griechen, weil ich von den Chinesen und Indern nur wenig weiß. Und vielleicht gibt es noch sehr viele andere Ursprünge.

J.-Cl. B.: Das war aber doch ein Zeitalter, in dem sich die Philosophie in das wissenschaftliche Denken eingemischt hat?

J. P.: Aber die griechischen Philosophen waren seriöse Leute, die Wissenschaft betrieben haben!

J.-Cl. B.: Descartes auch.

J. P.: Natürlich. Und ich habe die größte Achtung vor allen Philosophen, die sich mit der Wissenschaft befaßt haben.

J.-Cl. B.: Und zu welcher Zeit haben sich Wissenschaft und Philosophie dann voneinander getrennt?

J. P.: Wohl hauptsächlich im 19. Jahrhundert, und zwar wegen der Neigung einiger Wissenschaftler, aus der Wissenschaft eine Metaphysik ziehen zu wollen. Zum Beispiel der Materialismus. Man hat einfach nicht sauber auseinandergehalten, was bei den Vertretern dieser Richtung Wissenschaft und was Metaphysik war, und folglich versuchten die Antimaterialisten eine Form der Erkenntnis zu schaffen, die die Wissenschaft überwinden, über ihr stehen und von ihr unabhängig sein sollte.

(Er denkt einen Augenblick nach.)

Bei den Griechen und bis zu Descartes und Leibniz stützte sich die Philosophie so gut sie konnte auf die Wissenschaft. Das Neue im 19. Jahrhundert war dagegen eine Art parawissenschaftliche Erkenntnis, die man am Rande der Wissenschaft, von ihr unabhängig und von Anfang an mit dem Anspruch einer übergeordneten Stellung gewinnen wollte. Und genau daran störe ich mich. Trotzdem hat diese Art Erkenntnis eine gewaltige Bedeutung!

J.-Cl. B.: Gibt es nicht gerade heute Philosophen, die sich für die Wissenschaft besonders interessieren?

J. P.: Natürlich! Nehmen Sie beispielsweise das Werk Desantis, oder nehmen sie Vuillemin und sein Team, oder Granger… es gibt eine ganze Reihe. Aber verglichen mit dem Existentialismus handelt es sich hier um eine Bewegung, die es vielleicht seit einer Generation oder zweien gibt. Im übrigen nennen viele Autoren Philosophie das, was ich als wissenschaftliche Erkenntnistheorie bezeichne. Desanti zum Beispiel, den ich eben genannt habe. Eine Wissenschaft wird nicht nur auf einer einzigen Ebene betrachtet: Es gibt eine experimentelle Forschung, dann die Ebene der Theorien, der Anschauungen, die man im nachhinein aus der Forschung zieht, und die Ebene der erkenntnistheoretischen Reflexion, auf der man sich mit den Methoden und Ergebnissen dieser Wissenschaft befaßt. Und das Werk Jean Toussaint Desantis scheint mir auf dieser dritten Ebene angesiedelt.

J.-Cl. B.: Andererseits sind Sie nicht der einzige, der der klassischen Philosophie den Untergang voraussagt. Ist die gegenwärtige Strömung in den Geisteswissenschaften nicht um den Gedanken herum entstanden, den Sie sich zu eigen gemacht haben und nach dem die Philosophie ihre Stellung nicht mehr halten können und ihre Vorrechte verlieren wird?

J.-Cl. B.: Davon bin ich überzeugt. Dieser Gedanke liegt tatsächlich in der Luft, aber gegen Gedanken, die in Mode sind, habe ich ebenfalls Vorbehalte. Man muß trennen und die Ernstzunehmenden von denen unterscheiden, die auf einer Welle schwimmen.

Das Kind als Modell
für die Entwicklung der Intelligenz

Jeden Samstag unternimmt Jean Piaget mit einem Rucksack auf dem Rücken eine lange Radtour durch die umliegenden Berge.

Jean-Claude Bringuier: Fühlen Sie sich sehr als Schweizer? Ist die Tatsache, daß Sie hier geboren sind, daß dieses Land Ihre Heimat ist, für Sie wichtig?

Jean Piaget: Es ist besonders wichtig in dem Sinne, daß ich die Vorteile eines kleinen Landes zu schätzen weiß, wenn ich so sagen darf. Es herrscht eine Art geistige Freiheit, die mir hier größer scheint als in den großen Ländern, in der Wissenschaft, meine ich.

J.-Cl. B.: Worin besteht diese Freiheit?

J. P.: Sie hängt damit zusammen, daß man sich nicht so ernst nimmt. Man gebärdet sich tendenziell weniger professoral. Je kleiner das Land, desto geringer die Versuchung.

J.-Cl. B.: Sie reisen viel. Soweit ich weiß, fahren Sie oft nach Amerika.

J. P.: Ja, aber ich bin besorgt über die dortige Rolle von Moden und Schulen. Zu einer bestimmten Zeit machen alle dasselbe, dann ändert sich die Mode plötzlich, und alle schwenken zur gleichen Zeit auf etwas Neues um. In Rußland ist es ebenso.

J.-Cl. B.: Glauben Sie an die einsame Forschung?

J. P.: Oh, nein. Man braucht Kontakte und vor allem Widerrede.

Und dann braucht man ein Team. Ich glaube an die interdisziplinäre Forschung. Und an die kollektive Forschung.

J.-Cl. B.: Aber man braucht Flexibilität?

J. P.: Ja, das schon.

J.-Cl. B.: Jetzt sprechen wir von Ihrem Handwerk. Zunächst einmal, ist das ein Handwerk, was Sie betreiben?

(Er lächelt.)

J. P.: Gewiß.

J.-Cl. B.: Es ist ein Handwerk?

J. P.: Mit einem Handwerk hat man es zu tun, sobald es eine bestimmte Vorgehensweise gibt.

J.-Cl. B.: Dann erklären Sie mir, wie Sie in der experimentellen Psychologie und in der Erkenntnistheorie vorgehen. Eine Trennung der beiden voneinander lehnen Sie ja ab, wenn ich nicht irre.

J. P.: Das ist richtig! Man kann die Erkenntnistheorie zwar von der Psychologie trennen, wenn man sich nur für die geistige Stufe des Erwachsenen zum Beispiel interessiert. Auf einer Seite hat man dann Fragen zur Funktionsweise der Intelligenz, die zur Psychologie gehören, und auf einer anderen Fragen zur Tauglichkeit der bei intelligentem Verhalten eingesetzten Instrumente, und das ist Erkenntnistheorie.

Aber wenn man sich mit der Entstehung der Erkenntnis befaßt, und das ist mein Handwerk, dann muß man zu jedem Zeitpunkt die beteiligten Faktoren auseinanderhalten: Die einen entstammen der äußeren Erfahrung, dem sozialen Leben und der Sprache, die anderen der inneren Denkstruktur des Subjektes, einer Struktur, die sich im Verlaufe der Entwicklung dieses Subjekts herausbildet. All diese erkenntnistheoretischen Probleme sind miteinander und mit der psychologischen Forschung verknüpft.

J.-Cl. B.: Sie sprachen von äußeren, also milieubedingten und von inneren Faktoren. Welche sind wichtiger?

J. P.: Sie sind beide gleich wichtig. Sie sind untrennbar miteinander verbunden. Erkenntnis ist eine Interaktion zwischen Subjekt und Objekt. Allerdings glaube ich, man kann das Subjekt nicht nach Art der Vertreter des Apriorismus auf eine einmal und endgültig vorgegebene Struktur reduzieren, als sei im menschlichen Geist schon alles vorgegeben. Ich glaube, das Subjekt baut seine Erkenntnisse, seine Strukturen auf. Und darüber zu reden werden wir noch Gelegenheit haben!

J.-Cl. B.: Ist das Freiheit?

J. P.: Ja, natürlich. Mein wahres Problem besteht darin zu erklären, was bei der Entwicklung von einem Stadium zum nächsten an Neuem auftaucht. Wie kommt man zum Neuen? Das ist wohl die Kernfrage.

J.-Cl. B.: Wie verändert man sich?

J. P.: Wie vervollständigt man Erkenntnisse durch Entdeckung von Neuem gegenüber dem beschränkten Ausgangswissen, von adoptiertem Neuen allerdings.

J.-Cl. B.: Und bei der Aufgabe, die Sie beschreiben, haben Sie sich vornehmlich mit Kindern befaßt?

J. P.: Ja.

J.-Cl. B.: Vornehmlich oder ausschließlich?

J. P.: Ausschließlich!

J.-Cl. B.: Warum?

J. P.: Nun, sich mit Erwachsenen beschäftigen, was im Hinblick auf eine schrittweise Analyse das Ideale gewesen wäre, hätte soviel wie eine Rekonstruktion der Geistesgeschichte bedeutet, und zwar im Hinblick auf die interessantesten Stadien, das heißt auf die am schwierigsten zu ermittelnden, die prähistorischen Stadien.

J.-Cl. B.: Wo ist das Problem? Man kann diese Untersuchung doch anhand von Leuten von der Straße durchführen.

J. P.: Nein, die Leute von der Straße blicken auf Jahrhunderte der Kultur und Bildung zurück.

J.-Cl. B.: Na und?

J. P.: Um die Entstehung des menschlichen Geistes zu betrachten, wie es mir vorschwebte, hätte man die Etappen der Entwicklung vom Affen zum Menschen, die Etappen des prähistorischen, des fossilen Menschen rekonstruieren können müssen. Nun, bislang ist nur das Auftauchen von einigen Fertigkeiten bekannt. Die Anfänge der Sprache, die tradierbaren Fertigkeiten, all das entzieht sich leider unserer Kenntnis.

J.-Cl. B.: Offenbar wollen Sie sagen, daß die Kultur, jedenfalls diejenige, die man beim gewöhnlichen, beim zeitgenössischen Menschen antrifft, störend wirkt, wenn wir uns ein Bild vom Menschen zu machen versuchen, gerade so, als müsse man ihn erst einmal von geistigen Schlacken befreien...

J. P.: Nein, das nicht! Es geht vielmehr darum, herauszubekommen, wie Erkenntnis entsteht, wie sich eine intelligente Struktur herausbildet. Beim zeitgenössischen Menschen gibt es eine gewaltige Anzahl bereits vorhandener Strukturen mit unbekannter Entstehung. Jedes beliebige gesprochene Wort hat eine jahrtausendealte Geschichte hinter sich. Es ist ein kollektiv erarbeitetes Konzept, an dem eine große Anzahl von Generationen mitgewirkt hat. Man hat auf die Art seiner Entstehung keinen Zugriff, man hat es nur mit Endergebnissen zu tun. Aber die genügen mir nicht! Die Geschichte kann man bis zu den Griechen zurückverfolgen und noch weiter... Das Wunderbare bei Kindern ist, daß man immer auf ein Individuum trifft, das bei Null anfängt. Dann kann man sehen, wie die Entwicklung sich vollzieht.

J.-Cl. B.: Fängt es tatsächlich bei Null an? Es ist doch ebenfalls in ein Milieu, ein kulturelles Umfeld eingebunden...

J. P.: Nehmen Sie den Säugling zwischen der Geburt und einein-halb oder zwei Jahren ungefähr, wenn er seine Zunge zu gebrauchen beginnt. Er verdankt es nicht dem kulturellen Umfeld, daß er beispielsweise die Gegenstandspermanenz entdeckt.

J.-Cl. B.: Was verstehen Sie unter Gegenstandspermanenz?

J. P.: Damit meine ich die Tatsache, das ein Gegenstand, der aus dem Blickfeld verschwindet, auch weiterhin als existent begriffen wird.

J.-Cl. B.: Man behält eine Vorstellung von ihm.

J. P.: Nicht nur die Vorstellung! Die Möglichkeit des Wiederfindens. Das ist keineswegs angeboren. Das beginnt erst ungefähr mit neun oder zehn Monaten. Erst dann ist ein Säugling in der Lage, eine Schirmwand beiseitezuschieben, um an den Gegenstand zu kommen, den man vor ihm dahinter versteckt hat.

J.-Cl. B.: Das heißt, vor zehn Monaten denkt er, seine Mutter existiert nicht mehr, wenn er sie nicht mehr sieht.

J. P.: Er denkt gar nichts, denn zum Denken hat er kein Instrument. Aber sie ist verschwunden, hat sich in Luft aufgelöst, und es gibt nur ein Mittel, um sie wieder zum Vorschein zu bringen, nämlich ganz laut schreien. Kein Mittel gibt es dagegen, um sie räumlich zu lokalisieren.

Nehmen Sie irgendein banales Experiment: Zeigen Sie einem Baby ein neues interessantes Spielzeug. Es streckt den Arm aus und greift danach. Bedecken Sie den Gegenstand mit einem Taschentuch, dann zieht es den Arm zurück, als sei er nicht mehr vorhanden. Es kommt nicht auf den Gedanken, das Taschentuch wegzuziehen. Aber wenn Sie sein Gesicht mit einem Taschentuch bedecken, ist es sehr wohl in der Lage, es zu entfernen.

J.-Cl. B.: Und bis zu welchem Alter geht das?

J. P.: Acht, neun oder zehn Monate. Die Einsicht, daß ein Gegenstand fortbesteht, daß man ihn wiederfinden kann, kommt erst spät. Sie ist die Grundlage für unsere Darstellung der materiellen Welt. Aber es dauert Monate, bevor ein Säugling dahin kommt.

J.-Cl. B.: Aber was Sie da sagen, was man, wenn ich so sagen darf, bei zeitgenössischen Säuglingen feststellt, kann man davon ausgehen, daß es für menschliche Säuglinge aller Zeiten gegolten hat?

J. P.: Davon bin ich überzeugt. Und es gilt nicht nur für alle menschlichen Säuglinge. Mein Freund Gruber in Amerika hat das Experiment mit jungen Katzen wiederholt und die gleichen Entwicklungsstadien entdeckt, nur daß einem Kätzchen mit vier Monaten das gelingt, wozu der Säugling erst mit neun Monaten in der Lage ist. Das ist sehr interessant, weil das Kätzchen sich nicht viel weiterentwickelt, während aus dem Säugling ein zivilisierter Mensch wird!

J.-Cl. B.: Und warum ist das so?

J. P.: Sie meinen: Warum hat der Mensch das Tier in der Entwicklung überholt? Als klassische Antwort wird auf die Sprache und die Kultur verwiesen, die es über die Weitergabe von Wissen von einer Generation zur nächsten ermöglichen, das Lernen stark zu verkürzen. Aber das ist keine befriedigende Antwort, denn man muß sich fragen, warum.

J.-Cl. B.: Und wie sieht Ihre Lösung aus?

J. P.: Das Verschwinden des Instinktes, der als Programm zu beschränkt war.

J.-Cl. B.: Inwiefern zu beschränkt?

J. P.: Wegen der ökologischen Situation. Nehmen Sie das Beispiel der Schimpansen. Sie fangen an, auf Bäume zu klettern und fast aufrecht zu gehen, und dabei tauchen reihenweise neue Probleme auf! Wenn der Instinkt dann nicht mehr weiterhilft, muß etwas anderes gefunden werden.

J.-Cl. B.: Wie weit sind denn Schimpansen?

J. P.: Sie sind einjährigen Säuglingen überlegen, kommen dann aber nicht mehr viel weiter.

J.-Cl. B.: Sie sind kurz davor…

J. P.: …die Symbolfunktion zu entdecken, ja. Es gibt da interessante Experimente. Man dressiert einen Affen so, daß er sich mit Marken an einem Automaten bedienen kann. Wenn man ihm außer Sichtweite des Automaten Marken gibt, legt er sie sorgsam beiseite. Wenn man ihm falsche Marken gibt, wird er wütend. Und einen hungrigen Artgenossen im Käfig neben ihm versorgt er mit Bananen oder Marken, mit denen sich dieser Bananen beschaffen kann. Wenn er ihm eine falsche Marke reicht, wirft sie ihm der andere an den Kopf. All das zeigt, daß Affen die Funktion der Marke auch außerhalb der Sichtweite des Automaten begreifen.

J.-Cl. B.: Muß der andere Schimpanse die Funktion des Automaten dazu ebenfalls begreifen?

J. P.: Natürlich, aber trotzdem hat man es hier bereits mit der Symbolfunktion zu tun.

50

Die Experimente mit Kindern

Die Entdeckung der Stadien

*Ein halb gefülltes Fläschchen mit farbiger Flüssigkeit wird auf den Tisch
gestellt. Das Kind wird aufgefordert zu zeichnen, was es sieht, und tut
dies.
Dann bringt man das Fläschchen in eine Stellung schräg zur Tischebene.
Man bittet das Kind um eine weitere Zeichnung, es soll wieder
»abmalen, was es sieht«. Das Kind zeichnet den Tisch und das Fläschchen in Schräglage. Die Flüssigkeit stellt es wie auf der ersten Zeichnung
waagrecht zum Fläschchen dar. Dieser Fehler wiederholt sich bei jedem
weiteren Experiment.*

Jean-Claude Bringuier: Kommen wir doch auf Ihre eigentliche
Arbeit zurück, auf Ihre Methoden. Wie arbeiten Sie? Was tun
Sie?
Jean Piaget: Nun, habe eine Reihe hervorragender Mitarbeiter. Am
Anfang des Jahres erstelle ich einen Plan für Experimente, und der
wird dann von sämtlichen Mitgliedern des Teams mehr als erfüllt.
Sie bringen eigene Ideen ein. An den Projekten beteiligen sich
auch Studenten. Für ihre Ausbildung ist das sehr nützlich. Außer-
dem werden die Experimente aufeinander abgestimmt. Sie ergän-
zen sich gegenseitig.
J.-Cl. B.: Und dann bekommen Sie eine Zusammenstellung von
Gesprächen als Rohstoff?
J. P.: Eine Reihe offener Gespräche mit Kindern zu Problemen,

die wir vorher umgrenzt haben. Wir protokollieren die Gespräche, die dann als schriftliche Ergebnisse vorliegen.

J.-Cl. B.: Wie lange dauert eine Forschungsreihe?

J. P.: Im Durchschnitt ein Jahr.

J.-Cl. B.: Und woher weiß man, daß sie zu Ende ist?

J. P.: Für mich gibt es da nur ein Kriterium. Ich betrachte eine Forschung als abgeschlossen, wenn nichts Neues mehr herauskommt, das ist alles. Wenn in den neuen Protokollen immer nur Bekanntes steht, wechseln wir den Gegenstand.

J.-Cl. B.: Und aus diesem Rohstoff machen Sie dann Bücher?

J. P.: Ja, leider!

J.-Cl. B.: Wieso leider?

J. P.: Leider für den Leser.

J.-Cl. B.: Ich mache mir Gedanken über den Inhalt dieser Unterhaltungen. Sind das so etwas wie Tests?

J. P.: Tests zielen auf Leistungen, auf Ergebnisse ab. Wir versuchen dagegen aufzudecken, wie das Kind denkt, wie es neue Wege findet. Es ist also ein unmittelbares und offenes Gespräch.

J.-Cl. B.: Hat ein Test immer etwas von einer Prüfung?

J. P.: Ja, schon, vor allem eine Standardisierung. Die Fragen stehen alle schon vorher fest. Woher soll man mit seinem Gehirn des Erwachsenen wissen, was interessant werden kann? Folgt man dem Kind dagegen überallhin nach, wenn es auf unvorhergesehene Weise antwortet, statt es mit vorgefertigten Fragen zu beeinflussen, denn stößt man auf Neues.

Aber dann ist man flexibel und erkundet eher das Umfeld, als sich an vorgegebene Fragen zu klammern.

J.-Cl. B.: Aber bei der Erstellung von Statistiken muß man doch Fragen vorbereiten. (Piaget verzieht das Gesicht.) Ich meine, einfach um ein kohärentes Ganzes an Informationen zu gewinnen.

54

J. P.: Gewiß. Wenn man diese Pionierarbeiten, die darin bestehen, Neues herauszufinden und unvorhergesehene Dinge zu betrachten, einmal geleistet hat, dann kann man – diejenigen jedenfalls, denen das Spaß macht – mit der Standardisierung beginnen und exakte Statistiken erstellen. Aber ich sehe die interessantere Aufgabe darin, das Gebiet erst einmal urbar zu machen.

J.-Cl. B.: Besteht nicht die Gefahr, daß Einzelfälle verallgemeinert werden?

J. P.: Keineswegs. Es ist ganz auffällig, wie unglaublich stark die Antworten konvergieren. Während Sie Ihr Interview vorbereitet haben, war ich noch mit der Auswertung der letzten Dokumentationen beschäftigt. Fünfundzwanzig Kinder, die ich nicht kenne, sagen alle das gleiche! Im gleichen Alter!

J.-Cl. B.: Weil sie aus dem gleichen Milieu und der gleichen Stadt stammen?

J. P.: Ich glaube nicht.

J.-Cl. B.: Weil sie auf der gleichen Entwicklungsstufe stehen?

J. P.: Ja!

J.-Cl. B.: Damit sind wir denn wohl auch bei einem Ihrer bedeutendsten Gedanken angelangt: daß Kinder, ganz gleich aus welcher Gesellschaft und zu welcher Zeit, bei der Entwicklung ihrer Intelligenz eine Abfolge von Etappen durchlaufen, die immer die gleiche ist.

J.P.: Ja, und sie ist deshalb immer die gleiche, weil jede Etappe eine notwendige Voraussetzung für die nachfolgende ist. Man spricht hier von einer sequentiellen Ordnung.

J.-Cl. B.: Von jeder Etappe aus kann die nächste erreicht werden?

J. P.: Genau. Sie wird wahrscheinlich, während sie dies zunächst nicht war. Das sieht man überall sehr gut. Allerdings kann sich die Entwicklung verzögern oder beschleunigen.

J.-Cl. B.: Aber die Reihenfolge bleibt die gleiche?

J. P.: Ja.

J.-Cl. B.: Um welche Folge handelt es sich dann? Welches sind die wichtigen Etappen?

J. P.: Nun, es gibt verschiedene Stadien. Die sensomotorische Intelligenz vor der Sprache, dann gibt es…

J.-Cl. B.: Ist das beim Säugling?

J. P.: Ja. Dann das Auftauchen der Zeichenfunktion, die Sprache, das symbolische Spiel, das geistige Bild usw., bis mit ungefähr sieben Jahren eine Darstellung des Denkens möglich wird, allerdings eines präoperativen Denkens. Operationen in dem Sinn, von dem ich noch sprechen werde, gibt es da noch nicht. Mit ungefähr sieben Jahren kommen dann die Operationen, die ich konkret nenne, weil sie sich direkt auf Gegenstände beziehen. Sie sind definiert als verinnerlichte oder zu verinnerlichende, aber umkehrbare Handlungen, das heißt, man kann sie in beide Richtungen durchführen wie Addition und Subtraktion. Dann kommen die formalen Operationen, die sich nicht direkt auf Gegenstände beziehen…

Für Jean Piaget hat alles damit angefangen, daß er ein Kind beim Spielen beobachtet hat, einen zehn Monate alten Säugling:

Ich beobachtete ihn, wie er sich mit einer Kugel vergnügte. Ich hatte damals selbst noch keine Kinder. Die Kugel rollte unter einen Sessel. Er suchte sie, fand sie und stieß sie wieder fort. Sie verschwand unter einem tiefen Sofa mit Fransen… Er sah nichts mehr von ihr. Darauf wandte er sich wieder dem Sessel zu, unter dem er sie bereits einmal gefunden hatte.

Das Objekt war für ihn noch nicht vollständig lokalisierbar. Es war noch mit der vormals erfolgreichen Handlung verknüpft. Es war noch kein unabhängiger mobiler Gegenstand, der nicht unter dem Sessel liegen konnte, weil er unter das Sofa gerollt war. Dazu wird er erst später, und dann sucht ein Säugling ihn auch im Hinblick auf seine Lokalisierbarkeit. Dann kann man von Gegenstandspermanenz reden, auf die wir gestern kurz zu sprechen gekommen sind…

Eine Kugel, die nicht da ist, wo sie eigentlich sein müßte… Eine banale Tatsache, ein kleines Ereignis aus dem Alltagsleben bringt Jean Piaget auf die entscheidenden Einfälle für seine kognitive Psychologie. Für den Erwachsenen ist das Verhalten des Säuglings »absurd«, obwohl der Säugling in gewissem Sinne die Vorstufe zum späteren Menschen darstellt. Wo ist der Übergang? Gibt es mehrere? Darum geht es bei den Experimenten Piagets und seiner Mitarbeiter. Ein Raum im Zentrum für Erkenntnistheorie. Eine junge Frau[1] und ein kleines blondes Mädchen sitzen sich gegenüber.

NADINE, FÜNF JAHRE

– Weißt du, wann dein Geburtstag ist?[2]
– Weiß nicht…
– Bist du schon lange fünf?
– Ja.
– Schau mal, wir spielen jetzt… Du sagst mir, was das ist. Was ist das? Damit hast du doch bestimmt schon einmal gespielt… Das sind Steinchen! Welche Farbe haben die Steinchen?
– Grüne und rote.
– Grüne und rote. Und welche gefallen dir besser?
– Die roten.
– Die roten. Gut, ich nehme dann die grünen. Schau, was ich mache. Ich lege meine grünen Steinchen da hin. So. Siehst du? Ich lege sie nebeneinander. Und du nimmst jetzt deine roten Steinchen und legst sie daneben. So, wie ich sie hingelegt habe. Jawohl, sehr schön. Und jetzt sag mir, was meinst du? Liegen da gleich viel grüne Steinchen und rote Steinchen? Oder sind es vielleicht mehr grüne? Was meinst du? Oder mehr rote?
(Nadine zögert.)

---

1 Catherine Dami, eine Mitarbeiterin im Zentrum.
2 Es ist Teil der Gesprächstechnik, sich auf das Kind einzulassen und gegebenenfalls auch seine Redeweise zu imitieren, um die Distanz zum Erwachsenen möglichst gering zu halten.

– Wenn du die grünen anschaust und die roten anschaust, hat es mehr grüne oder mehr rote?

– Die sind gleich viele.

– Genau. Es hat von beiden gleich viele. Und woran siehst du das? Woher weißt du das?

– Da sind keine anderen grünen und auch keine anderen roten.

– Keine anderen grünen und keine anderen roten! Gut. Und jetzt guck einmal her, was ich mache. (Sie legt die roten Steine weiter auseinander.) Und jetzt sag mir, sind das gleich viel grüne und rote Steinchen? Nein? Von welchen hat es mehr?

– Von den roten.

– Mehr rote. Und warum?

– Weil, Sie haben sie anders hingelegt.

– Ja, ich habe sie anders hingelegt. Aber woran siehst du, daß die roten mehr sind?

– Weil die grünen enger sind.

– Aber sag mal, Nadine, wenn man die Steinchen jetzt zählt? Wenn man sie mit dem Finger zählt? Wie viele sind das dann? Sind das dann gleich viele grüne und rote oder sind es nicht mehr gleich viele?

– Nicht mehr gleich viele!

– Und wenn man sie wieder so hinlegt wie vorhin? (Sie legt die Steine in ihre erste Position zurück.) Was ist jetzt?

– Jetzt sind es gleich viele.

– Und wenn man sie zählt. Wie viele sind das dann?

– Das sind gleich viele, wenn man zählt.

– Schön… Und jetzt legen wir die grünen anders hin, siehst du? Und was ist jetzt?

– Die roten sind enger als die grünen.

– Ja. Und wenn man die Steinchen zählt, sind es dann mehr rote oder mehr grüne oder gleich viele von beiden?

– Nein.

– Was kommt heraus?

– Weil die grünen, die sind weiter, und die roten sind enger.

– Ja. Was macht das dann? Sind das dann mehr grüne oder mehr rote oder gleich viele?

– Mehr grüne.

– Mehr grüne diesmal. Und was muß man tun, damit es wieder gleich viele sind?

– So hinmachen, wie sie waren.

– Man muß sie so hinlegen, wie vorhin… So. Sind es jetzt wieder gleich viele? Gut… Dann spielen wir jetzt etwas anderes.

TAÏMA, SECHS JAHRE

– Weißt du, wann du Geburtstag hast?

– Der war schon. Am 1. Mai.

– Meiner ist im Juni, das habe ich dir ja schon gesagt. Siehst du die beiden Kugeln da? Weißt du, was das ist?

– Knete.

– Knete, genau. Und welche Farben hat die Knete?

– Rot.

– Und die da?

– Weiß.

– Die ist weiß. Sag mal, wenn du die beiden Kugeln aus Knete anschaust, kannst du mir dann sagen, ob sie gleich sind? Ist in der einen genauso viel Knete wie in der anderen?

– Ja.

– Sie sind gleich, oder?

– Ja.

– Bist du sicher oder nicht ganz sicher?

– Nein.

– Also bist Du nicht ganz sicher? Glaubst du, daß die eine vielleicht größer ist als die andere? Daß an der einen mehr Knete dran ist als an der anderen?

(Taïma zögert und entscheidet sich dann.)

– Nein.

– Also sind beide gleich? Und weißt du, was wir jetzt machen? Wir

tun so, als sei das Kuchen. Nicht richtiger Kuchen. Wir spielen nur. Dein Kuchen ist rot, und mein Kuchen ist weiß. Wenn wir den jetzt essen, haben wir dann gleich viel Kuchen gegessen?
– Ja.
– Ja. Schön. Und jetzt schau. Jetzt nehme ich meinen Kuchen und mache etwas damit. Sag mir, was ich damit mache. Schau einmal her, was ist das?
– Das ist eine Wurst.
– Eine Wurst also? Und was meinst du, was ist jetzt? Wenn ich diese Wurst esse und du deine Kugel aus Knete ißt, haben wir dann alle beide gleich viel zu essen oder hat einer von uns mehr?
– Du hast mehr als ich.
– Ja? Und warum?
– Weil die länger ist.
– Na schön. Und wenn ich sie noch länger mache, siehst du, so, und noch länger, so?
– Dann haben Sie mehr.
– Habe ich dann immer mehr zu essen als du?
– Ja.
– Und wenn ich aus dem jetzt wieder eine Kugel mache wie vorhin, wie am Anfang, wieviel haben wir beide dann zu essen?
– Gleich viel.
– Wieder gleich viel?
– Ja.
– So. Und jetzt nehmen wir deine Kugel. Schau. Ich mache sie jetzt platt. So. Und wie sieht das jetzt aus, was ich gemacht habe?
– Wie ein Schnitzel.
– Ein Schnitzel? Na, schön. Das Schnitzel hat aber eine komische Farbe! Das ist wohl nicht richtig gebraten, hmm?
– Ja.
– Gut. Dann ißt du jetzt dein Schnitzel, und ich esse meine Kugel. Haben wir beide jetzt gleich viel zu essen? Oder hat einer mehr.
– Ja. (Taïma lächelt und deutet auf sich.)
– Du hast mehr? Warum?

– Weil meins dicker ist als das von Ihnen.
– Ist das dicker? Das ist doch ganz dünn. Schau.
– Das ist größer.
– Größer… Jetzt aber ehrlich. Hast du mehr?
– Ja.
– Ganz, ganz ehrlich. Bis du sicher?
– Ja.
– Aber als das auch eine Kugel war, genauso eine Kugel wie das da, wieviel haben wir beide da gehabt?
– Gleich viel.
– Gleich viel? Ist das denn jetzt anders geworden?
– Ja.
– Und damit es wieder gleich viel wird, was muß man da machen?
– Wieder eine Kugel machen…
– Mit deinem Stück?
– Ja.

SOPHIE, SECHS JAHRE ALT

– Sag mal, Sophie, hast du Lust, mit dieser Waage zu spielen?
– Ja.
– Nun, dann schau: Haben die beiden Kugeln das gleiche Gewicht?
– Nein.
– Das wohl nicht, hmm? Welche ist denn schwerer?
– Die da.
– Die da. Ich möchte, daß sie beide ganz gleich sind. Schau jetzt einmal.
– Die da ist weiter unten als die.
– Dann tue ich da noch etwas dazu. So. Stimmt es jetzt?
– Ja.
– Ja. Woran siehst du, daß beide das gleiche Gewicht haben?
– Weil ich da hingeguckt habe.
– Du hast auf das Zeigerchen geguckt?

– Ja.

– Heißt das, beide sind gleich schwer? Jetzt nehmen wir beide Kugeln aus der Waage. Aus der roten machen wir eine lange Wurst, und deine Kugel lassen wir, wie sie ist. Wenn ich sie jetzt wiege, wenn ich sie auf die Waage lege, was ist dann?

– Die da ist schwerer.

– Warum?

– Weil... weil die leichter ist, wenn man sie so knetet.

– Bist du sicher, hmm?

– Ja.

– Warum wird die leichter, wenn man sie so knetet? Weil man es noch nicht ausprobiert hat, hmm?

– Weil das ganz dünn ist, und das ist ganz dick.

– Ach so. Und wenn ich wieder eine Kugel damit mache, was ist dann?

– Gleich schwer.

– Gleich schwer. Bist du sicher?

– Ja.

– Woher weißt du das?

– Weil es die gleichen Kugeln sind.

Fortführung der Unterhaltung mit Jean Piaget über diese Experimente.

J. P.: Ja... für die Kleinen ist mehr Knete vorhanden als zuvor, weil der Klumpen länger geworden ist.

J.-Cl. B.: Oder weniger!

J. P.: Oder weniger, wenn er dünner geworden ist. Aber niemals beides gleichzeitig. Wenn sie eine Dimension sehen, sehen sie die andere nicht. Aber es gibt eine Stufe, auf der sie beide sehen und begreifen, daß es einen Ausgleich gibt. Es ist länger, also dünner, also noch immer gleich schwer. Aber das setzt eine Umkehrbarkeit voraus.

J.-Cl. B.: Dann begreifen sie, daß die Substanz erhalten bleibt.

J. P.: Zunächst die Substanz, ein oder zwei Jahre später dann mit den gleichen Argumenten das Gewicht und schließlich auch das Volumen, das Volumen gemessen an der Menge des verdrängten Wassers, wenn man eine kleine Kugel oder eine Wurst in ein Glas taucht.

J.-Cl. B.: Seltsam ist dabei, daß es mit der Substanz beginnt…

J. P.: Ja, das ist sehr schön, denn Substanz ohne Gewicht und Volumen ist nicht wahrnehmbar.

J.-Cl. B.: Ein reines Konzept.

J. P.: Das ist notwendig bei einer Erhaltung. Ein reines Konzept, in der Tat. Wie Poincaré sagte: »Etwas muß erhalten bleiben, sonst kann man keine Überlegungen anstellen.« Aber was das ist, weiß man vorher nicht!

J.-Cl. B.: Einen Augenblick! Ich möchte auf eine Situation während der Experimente zurückkommen. Wenn man diese Wurst, diese Wurst aus Knetmasse immer weiter verlängert, dann kippt die Antwort, wie ihre Mitarbeiter mir sagten, oft ins Gegenteil.

J. P.: Genau. Das Kind sagt: »Da ist mehr dran, weil es länger ist«, und plötzlich geht es nicht mehr, und es sagt: »Das ist zu dünn, da ist weniger dran als vorhin!«

J.-Cl. B.: Und dabei sieht es doch, daß noch immer die gleiche Operation durchgeführt wird.

J. P.: Genau!

J.-Cl. B.: Logisch ist das nicht.

J. P.: Nein, überhaupt nicht. All das ist prälogisch[3]. Und die Erhaltungen werden später häufig mit einem besonders eindrucksvollen Argument begründet: Es ist das gleiche, nichts hat sich verändert,

3 Bei dieser Antwort Piagets, die nur Gesagtes zusammenfaßte, hatte ich das Gefühl, daß sich in mir eine Tür öffnete. Es war wohl seine Gelassenheit, der überzeugende Tonfall, der mir den Inhalt nahebrachte und ihn richtig spürbar werden ließ. Das kindliche Denken beruhte offenbar nicht auf einer stammelnden, unartikulierten Logik, auf einem schlechten Entwurf der Logik des Erwachsenen. Mit dieser Logik hatte das kindliche Denken nichts zu tun. Es beruhte vielmehr auf etwas anderem und gehörte einer anderen Welt an. Und Piaget durchstreifte diese Welt seit Jahren. An dieser Stelle ahnte ich die Horizonte, die wahren Perspektiven seiner Forschung. Zumindest glaubte ich dies.

weil man nichts weggenommen, nichts entfernt hat. Die Kleinen
sind sich sehr wohl bewußt, daß man nichts weggenommen oder
entfernt hat! Das ist für sie zunächst kein Argument, und dann wird
es plötzlich eines. Das ist eine Transformation der Struktur. Die
Sache wird als Notwendigkeit begriffen. Das ist das Kantsche
Apriori, aber es steht am Ende und nicht am Anfang. Es ist eine
abschließende und keine vorangehende Notwendigkeit.[4]
(Pause.)
J.-Cl. B.: Lassen wir die Experimente. Glauben Sie persönlich,
daß das Kind, mit dem Sie sich seit Jahrzehnten beschäftigen, in
seinen Strukturen zeitlos und geographisch universell ist? Sie haben sich doch vornehmlich mit Kindern aus der Schweiz und sogar
aus Genf befaßt...
J. P.: Das ist ein sehr großes Problem, das besonders schwierige
Forschungen voraussetzt. Um eine vergleichende Kinderpsychologie zu treiben, muß man wie Ethnologen und Anthropologen in
andere Gesellschaften reisen und deren Sprache beherrschen, aber
zugleich braucht man auch die richtige Technik des Fragens, und
die setzt einen monatelangen Lernprozeß voraus. Der Fragesteller
benötigt die Ausbildung eines Ethnographen, um in eine andere
Gesellschaft eintauchen, und die Technik des Psychologen, um
seine Fragen stellen zu können. Bislang hatten wir es fast nur mit
Anthropologen zu tun, die beispielsweise Experimente zu repro-
duzieren glauben, sie aber sehr oberflächlich durchführten, oder im
Gegenteil, mit psychologisch hervorragend geschulten Leuten, die
sich mit den Kindern wegen mangelnder Sprachkenntnisse aber
nur über einen Dolmetscher unterhalten konnten.
Nun, im großen und ganzen hat man bei der Entwicklung von Kindern bislang eine bemerkenswerte Übereinstimmung festgestellt,
mit Beschleunigungen und Verzögerungen, wie ich bereits sagte.
Zu den Verzögerungen hat beispielsweise eine Schülerin von mir
in Teheran Ergebnisse gesammelt: Die Kinder in der Stadt Tehe-

---

4 Siehe siebtes Gespräch.

ran sind im gleichen Alter ungefähr auf dem gleichen Niveau wie Kinder aus Genf, aber die Analphabeten vom Land haben einen Entwicklungsrückstand von zwei, drei oder vier Jahren. Trotzdem durchlaufen sie die gleichen Stadien, und das ist wesentlich.

J.-Cl. B.: In der gleichen Reihenfolge.

J. P.: Ja, natürlich. Die Stadien ergeben eine festgelegte Abfolge, es geht hier nicht um ein Durchschnittsalter. Trotz der Schwierigkeiten gibt es zahlreiche vergleichende Untersuchungen... Miss Churchill hat welche durchgeführt. Ich habe eben eine Psychologin aus Canberra besucht, die in Australien experimentelle Gespräche mit den berühmten Arandas geführt hat, diesem Stamm aus Zentralaustralien, von dem Sie sicher schon gehört haben. Nun, sie hat das gleiche herausgefunden, allerdings gibt es eine zeitliche Verschiebung.

Und dann sind da noch die Experimente der Kanadier Laurendeau, Pinard und Boisclair, die auf Martinique gearbeitet haben. Die Kinder auf Martinique durchlaufen das französische Schulsystem bis zum ersten Abschluß. Den schaffen sie, aber nach meinen Handlungs- und Gesprächstests sind sie um vier Jahre zurück.

J.-Cl. B.: Woran liegt das?

J. P.: Am sozialen Umfeld..., in dem geistige Trägheit herrscht. Der Vater eines dieser Kinder hat ein Haus gebaut. Als er fertig war, hat er bemerkt, daß er die Treppen vergessen hatte.

J.-Cl. B.: Und Sie haben den Eindruck, daß das soziale Umfeld mit zunehmendem Alter des Kindes wichtiger wird.

J. P.: Ganz bestimmt![5]

J.-Cl. B.: Was ist dann eigentlich richtig an dieser Theorie, die meines Wissens aus der Psychoanalyse kommt, wonach die ersten drei Jahre alles entscheiden?

J. P.: Nichts! Im Hinblick auf die Kognition stimmt das überhaupt nicht. Nein, nein. Das ist völlig übertrieben. Konstruktionen tauchen mitten in der Adoleszenz auf...

5 Seither haben fünf oder sechs Genfer Psychologen unter Leitung von B. Inhelder eine Reihe vergleichender Studien in Afrika durchgeführt.

Die Strukturen

Ihre Mechanismen
Assimilation und Akkomodation

Das Problem der Entstehung der Strukturen ist das große
Problem der heutigen Wissenschaft.
ILYA PRIGOGINE, *Physiker.*
Konferenz im Zentrum für genetische Erkenntnistheorie.

Die Struktur reguliert sich innerhalb ihrer Grenzen so
selbst, daß sie sie endlos ausdehnen kann. Ist das klar?
JEAN PIAGET.
Exposé im Seminar des Zentrums für Erkenntnistheorie.

Als ein sich ständig neu einpendelndes, wandelbares Gleichgewicht ist sie in einem lebenden System das Dauerhafte
und Flexible, das dem Ganzen jene fortschreitende Anpassung sichert, die allein das Überleben ermöglicht…
Aus der Korrespondenz eines japanischen Studenten nach
einem Praktikum im Zentrum für Erkenntnistheorie.

Wenn man eine Addition durchführen kann, kann man alle
durchführen.
RAFEL CARRERAS, *Physiker.*
Auf einem Gang im Zentrum für Erkenntnistheorie.

Jean-Claude Bringuier: Im Zusammenhang mit der Entwicklung
der Intelligenz haben Sie mehrfach das Wort »Struktur« gebraucht.
Betrachten Sie sich als Strukturalisten?
Jean Piaget: Das kann man sagen, auch wenn es einen grundlegenden Unterschied zu vielen Strukturalisten gibt, für die Strukturen
etwas Vorgeformtes sind: Sie sind ein für allemal vorgegeben und
werden erst im nachhinein wahrgenommen. Ich glaube dagegen,
daß alle Strukturen entstehen, daß das grundlegende Faktum im
Prozeß der Konstruktion liegt und daß am Anfang nichts vorgegeben ist außer einigen beschränkten Punkten, auf die sich das übrige stützt. Aber Strukturen sind nicht von vornherein vorgegeben,
weder im menschlichen Geist noch in der äußeren Welt, wie wir sie
wahrnehmen oder organisieren. Sie entstehen durch Interaktion
zwischen dem Handeln des Subjektes und den Reaktionen des
Objektes.
J.-Cl. B.: Das ist die gleiche Überlegung wie bei den Stadien! Es
geht um eine sequentielle Ordnung.

69

J. P.: Ganz sicher! Jedem Stadium auf jeder Entwicklungsstufe entspricht eine Zusammenstellung von Strukturen, es handelt sich also offenbar um die gleiche Bewegung. Sobald Leben in Erscheinung tritt...

J.-Cl. B.: Gibt es im Organismus Stadien und Strukturen wie im geistigen Bereich?

J. P.: Allerdings! In der organischen Entwicklung haben Sie ohne jeden Zweifel Stadien. Sie sind klassisch und für die Embryogenese genau bekannt.

J.-Cl. B.: Sie meinen beim heranwachsenden Fötus.

J. P.: Natürlich. Das gilt bei jeder beliebigen Art. Und die Stadien der Embryonalentwicklung sind in dem Sinne sequentiell, daß jede für die folgende notwendig ist und die vorangegangene voraussetzt. Mit anderen Worten, keine Etappe kann übersprungen werden. Und meiner Überzeugung nach findet man eben dies auch bei den Stadien der Entwicklung der kognitiven Intelligenz wieder.

J.-Cl. B.: Beim Denken?

J. P.: Genau das.

J.-Cl. B.: Ich weiß nicht, ob ich mich irre: Es gibt doch einen großen Unterschied. Beim Organismus ist die Entwicklung von Anfang an durch Gene vorherbestimmt, aber doch nicht die Strukturen, die Entwicklung des Denkens.

J. P.: Nun ja, ich glaube, das ist ein gradueller Unterschied. Natürlich gibt es bei der Embryogenese eine erbliche Programmierung, aber zugleich nehmen die Einflüsse durch die Umwelt zu, und Waddington hat sehr schön gezeigt, daß es neben dem genetischen System ein weiteres gibt, das er epigenetisches System nennt, nach der Epigenese, zu der die Vorstellung gehört, daß der Embryo selbst etwas aufbaut und daß nicht alles präformiert ist. Das epigenetische System setzt einen Austausch mit dem Milieu voraus. Es handelt sich um keine vollständige Prädetermination.

J.-Cl. B.: Aber die Föten entwickeln sich doch alle gleich!

J. P.: Nicht ganz genau: Es gibt spürbare individuelle Unterschiede. Selbst bei einem einheitlichen Ganzen gibt es einen notwendigen Austausch mit der Umwelt, einen Austausch, der sozusagen einen Nährboden voraussetzt, denn wenn er fehlt, führt das zu Mißbildungen. Das ist ein gradueller Unterschied, keineswegs einer des Wesens.

J.-Cl. B.: Gilt das auch für Tiere?

J. P.: Natürlich.

J.-Cl. B.: Und doch scheint schon alles von Anfang an durch den genetischen Code, durch das genetische System vorgegeben?

J. P.: Das gilt nicht einmal auf dem Gebiet des Instinktes, denn es gibt stets einen Randbereich individueller Akkomodation.

J.-Cl. B.: Ich meine, ein Vogel kann sich doch beispielsweise ein Nest bauen, ohne daß er es je gelernt hat.

J. P.: Ja, natürlich. Es gibt eine genetische Programmierung, aber auch sehr variable Umstände. Bei der Anwendung der Programmierung auf die Situation gibt es schon einen Randbereich einer individuellen Akkomodation, und der geht über das rein Erbliche hinaus.

J.-Cl. B.: Paßt sich nicht die ganze Gruppe an?

J. P.: Die Verhaltensbiologen der neuen Generation sprechen nicht mehr von angeborenen Verhaltensweisen. Sie reden von »Verhaltensweisen, die man früher angeboren nannte«. Es gibt zwar noch immer diese erbliche Programmierung, aber auch ein Element der praktischen Ausübung, eine aktuelle Adaptation, die mit den Verhaltensweisen, die durch die Intelligenz erworben werden, gewaltig an Bedeutung gewinnt. (Pause.) Und wenn man von den Verhaltensweisen der Gruppe redet, so sind diese... der Instinkt ist im wesentlichen transindividuell*, das heißt, der Instinkt des männlichen Tieres ergänzt sich mit dem des weiblichen, bei den in Gemeinschaft lebenden Tieren ergänzen sich die verschie-

---

* »transindividuell«. Der Begriff taucht weder in allgemeinsprachlichen Wörterbüchern noch in einem Lexikon für Biologie (Verhaltensforschung) oder für Psychologie auf.

denen Aufgaben usw. Bei uns bleibt das Verhalten individuell, obwohl es natürlich mit den anderen koordiniert wird.[1]

J.-Cl. B.: Aber was ist beim Menschen denn letztlich codiert?

J. P.: Das läßt sich nur sehr schwer sagen, denn seitdem man von der Reifung des Nervensystems usw. spricht, hat man nichts wirklich Ererbtes ausmachen können. Man ist sicher, daß Erbanlagen überall eine Rolle spielen, daß die Reifung ein ständig präsenter Faktor ist, aber darüber, was die Reifung bringt, man kann nichts Positives aussagen. Sie eröffnet Möglichkeiten. Man weiß, daß bei einem bestimmten Grad von Reife ein bestimmtes Verhalten unmöglich ist, während es später möglich wird. Aber man kann nicht sagen: Das ist ererbt und das nicht.

J.-Cl. B.: So gesehen entfernen wir uns also vom früheren biologischen Determinismus.

J. P.: Nicht Determinismus, so würde ich es nicht nennen, ich würde es als Prädetermination bezeichnen. Es handelt sich um einen Konstruktivismus, der heute auf der ganzen Linie zu siegen scheint. Wenn Sie den Bereich der Erkenntnis betrachten, wenn

---

1 Bei der Durchsicht der Gespräche zur Herausgabe dieses Buchs fiel mir auf, mit welcher Beharrlichkeit Piaget die seiner Meinung nach übertriebene Einschätzung der Bedeutung des Angeborenen schon immer bekämpft hat. Bei genauerer Überlegung ist dies auch logisch: Aus einem Bedürfnis nach einer ausgewogenen Bewertung von kognitiven und biologischen Strukturen veranschlagt er die Tragweite und Bedeutung dessen, was als Teil der biologischen Organisation angesehen werden kann, also das genetische Programm, möglichst gering. Innerhalb dieser Organisation setzt er andererseits den kreativen Anteil des Verhaltens, für ihn die treibende Kraft bei der Evolution, als besonders groß an. So erklärt sich denn auch ein spürbarer Wandel der Standpunkte, der zwischen den beiden Zeitpunkten der Gespräche stattgefunden hat: 1969 betrachtet Piaget die Adoleszenz als fruchtbarsten Zeitabschnitt der Ontogenese. 1975 scheint er der frühen Kindheit den Vorzug zu geben: In ihr gibt es nämlich bereits tätige vorsprachliche Strukturen. Sie lassen sich bequemer als eine von organischen Strukturen unabhängige kontinuierliche Entwicklung deuten, und insofern sie sich als ausreichend ergiebig herausstellen, gilt die erst später erscheinende Sprache nicht mehr als das entscheidende Kriterium für den Beginn der Entwicklung der höheren Funktionen des Bewußtseins. Um die Brücke zu einer allgemeinen Diskussion heute zu schlagen: je weniger Natur und Kultur als Gegensätze gesehen werden, desto kohärenter erscheint das gedankliche System.

man die Geschichte der Mathematik ansieht, dann gibt es nicht den geringsten Zweifel, daß es sich um einen kontinuierlichen Schaffensprozeß handelt, und wenn man die Entwicklung des Kindes betrachtet, dann haben sich beim Zwölf- bis Fünfzehnjährigen verglichen mit den anfänglichen sensomotorischen Strukturen ohne jeden Zweifel wirklich erstaunlich neue und vielfältige Strukturen herausgebildet.

J.-Cl. B.: Das ist ja auch das Paradox an der Struktur...

J. P.: Sicher.

J.-Cl. B.: ...daß sie sich als eine geschlossene Ganzheit darstellt...

J. P.: Ja, und zugleich ist sie der Ausgangspunkt für das Entstehen neuer Strukturen. Das wahre Problem ist der Aufbau dieser neuen Strukturen.

Und hier kommt die Genese ins Spiel. Eine Genese ist die Entstehung einer Struktur: Aber sie ist zugleich das der Struktur innewohnende Potential. Wenn man die Struktur nicht stets als ein System von Transformationen – vom Einfacheren zum Komplizierteren – begreift, versteht man auch nicht, wie eine Struktur in die nächste übergehen kann. Dafür ist das Paradox verantwortlich, von dem Sie gesprochen haben. Wer dagegen von Transformation redet, meint die mögliche Entstehung neuer Strukturen, die Erweiterung der Ausgangsstruktur, die sich als Sonderfall in die übergeordnete Struktur einfügt: Ist beispielsweise der Zahlbegriff entwickelt, kommt als nächstes die Entdeckung von negativen Zahlen und dann die der Brüche... Die Ausgangsstruktur fügt sich dank einer Genese in die später entstehenden Strukturen ein, weil sie ein System von Transformationen ist. Und die Genese setzt eine Struktur voraus, weil sie niemals ein vollkommener Neuanfang ist, sondern stets von einer einfacheren Struktur ausgeht. Es handelt sich folglich um zwei sich gegenseitig bedingende und untrennbar miteinander verknüpfte Begriffe. Die Genese ist die Entstehung von Funktionen. Und die Struktur ist deren Organisation.

J.-Cl. B.: Woher weiß man im Experiment, ob man es mit einer Struktur zu tun hat? Wie stößt man auf sie?

J. P.: Wie man sie definiert? Es handelt sich um eine völlig neue Empfindung im Bewußtsein des Subjektes, um eine Empfindung der Notwendigkeit. Es geht um Verbindungen, die als gegeben betrachtet oder festgestellt und als notwendig empfunden werden. Das Subjekt kann sie nicht mehr anders denken. Nehmen wir als Bespiel transitive Relationen. Wenn A = B und B = C, ist für ein Kind dann auch A = C? Man kann ein Kind beispielsweise eine dicke Wurst mit einem bestimmten Gewicht, mit einer dünnen Wurst mit dem gleichen Gewicht und diese dann mit einer Kugel mit dem gleichen Gewicht vergleichen lassen. Nun, für das Kind auf der präoperativen Stufe vor der Ausbildung von Strukturen gibt es zwischen den drei Objekten keine Beziehung. »Weiß nicht« lautet die Antwort. Es hat A und B zusammen gesehen, hat B und C zusammen gesehen, aber es sieht A und C nicht zusammen. Oder es sagt, was es glaubt oder für möglich hält. Ist dagegen die Struktur vorhanden, ist die Antwort für das Kind evident und sogar notwendig. Es lächelt und zuckt über eine so leichte Frage die Achseln: Wenn A = B und B = C, dann ist A natürlich = C. Das Kriterium dafür, ob die Bildung einer Struktur abgeschlossen, ob sie vollendet ist, ist die Notwendigkeit.

J.-Cl. B.: Bedeutet dies, daß eine Struktur erst dann vorhanden ist, wenn das Kind beginnt, beispielsweise Operationen durchzuführen?

J. P.: Vor den Operationen, die ja internalisierte Handlungen darstellen, wenn Sie einverstanden sind, kommen allerdings noch die Handlungsstrukturen. Auf sensomotorischer Ebene gibt es schon vor der Sprache sehr weit entwickelte Strukturen. Eine solche Struktur ist beispielsweise die Translationsgruppe: Der Säugling kann ein Objekt von einem Ort zum anderen bewegen.

J.-Cl. B.: In welchem Alter?

J. P.: Ab sechs Monaten. Der Säugling kann einen Gegenstand an seinen Ursprungsort zurückbewegen. Er findet sein Ziel auf Umwegen. Soweit ist er am Anfang des zweiten Lebensjahres. Wenn er laufen kann, orientiert er sich an markanten Punkten in einer

Wohnung oder im Garten: Er unternimmt zugleich kombinierte Bewegungen, kehrt zu seinem Ausgangspunkt zurück und macht Umwege. Umwege sind die Assoziativität der Translationsgruppe. Sie sind eine geometrische Struktur, die den Mathematikern sehr wohl bekannt ist. Und wenn dieser Lernprozeß abgeschlossen ist, kann das Subjekt seine sensomotorischen Handlungen in einem weiteren Schritt zu neuen Strukturen verarbeiten, aus denen richtige Denkstrukturen werden. Mit ungefähr sieben Jahren tauchen dann die Klassifikationen auf, die Reihenbildungen, die ganzen Zahlen, die Gruppen der Verlagerungen im Raum mit Maß, die geometrischen Strukturen im allgemeinen.

Das psychologische Kennzeichen der Struktur ist das Vorhandensein von Invarianten, die die Mathematiker Gruppeninvarianten* nennen. Invarianz bedeutet Erhaltung. Die Knetekugel, die Zahlen, die auch dann gleich bleiben, wenn man die einzelnen Elemente weiter auseinander legt und die Reihe dadurch verlängert…

J.-Cl. B.: Und ruht die Genese, solange eine Struktur funktioniert, wenn ich so sagen darf? Gibt es einen Stillstand?

J. P.: Keineswegs. Das Funktionieren der Struktur ist eine Stufe des Gleichgewichtes in der Genese, eine weiterführende Funktion, die zur Konstruktion weiterer Strukturen führt. Die Notwendigkeit der Struktur ist verknüpft mit der Notwendigkeit einer inneren Kohärenz und Organisation, ohne die innere Anarchie, Chaos und Inkohärenz herrschen. Das Problem der Genese stellt sich immer dann, wenn ein Subjekt mit einer neuen Situation konfrontiert wird. Es muß konstruktiv sein, auf Probleme reagieren. Intelligenz ist per Definition Anpassung an neue Situationen und damit ein ständiges Konstruieren von Strukturen.

J.-Cl. B.: Mit anderen Worten: Das Subjekt muß assimilieren und akkomodieren, um Ihre Terminologie zu gebrauchen.

J. P.: Ja, so faßt man es in zweckdienliche Begriffe.

---

* In Fachlexika finden sich lediglich die Begriffe »invariance d'un sous-groupe« (Normalteilereigenschaft einer Untergruppe) oder »sous-groupe invariant« (Normalteiler).

J.-Cl. B.: Dann erklären Sie mir: Was ist Assimilation und was Akkomodation?

J. P.: Nun, die Assimilation ist eben der Beweis für die Existenz von Strukturen. Es ist die Tatsache, daß ein Stimulus in der Außenwelt, irgendein Reiz ein Verhalten nur insofern steuern und abwandeln kann, als er in vorhandene Strukturen integriert wird. Bei der Nahrungsaufnahme assimiliert der Organismus sein Milieu. Das bedeutet, das Milieu ist der inneren Struktur untergeordnet und nicht umgekehrt.

J.-Cl. B.: Wenn ich Kohl esse, werde ich nicht zu Kohl, meinen Sie das?

J. P.: Ja. Ein Kaninchen, das Kohl ißt, wird kein Kohlkopf. Vielmehr wird der Kohl zu Kaninchen, das bedeutet Assimilation. In psychologischer Hinsicht ist es dasselbe. Jeder beliebige Stimulus wird in innere Strukturen eingebaut.

J.-Cl. B.: Und die Akkomodation?

J. P.: Es gibt keine Assimilation ohne Akkomodation, denn Assimilation ist ein allgemeines Schema, das auf eine besondere Situation angewandt wird und den jeweiligen Umständen entsprechend modifiziert werden muß. Das gilt für alle Stufen. Nehmen Sie einen Säugling, der die Möglichkeit entdeckt, einen Gegenstand zu ergreifen, den er sieht. Alles, was er sieht, wird von nun an in die Schemata des Greifens eingepaßt, das heißt, es wird zu einem Objekt, das ergriffen, angesehen oder belutscht werden kann. Ob er aber ein großes Objekt ergreift, für das er beide Hände braucht, oder ein ganz kleines Objekt, das er mit den Fingern einer einzigen Hand umschließen muß, dazu muß er das Schema des Greifens jeweils modifizieren.

J.-Cl. B.: Und dabei verändert das Baby den Kraftaufwand?

J. P.: Es verändert die Justierung. Eben das nenne ich Akkomodation. Sie ist die Anpassung des Schemas an die besondere Situation.

J.-Cl. B.: Es paßt die Geste an das Tun an…

J. P.: Genau. An das Objekt. Und die Akkomodation ist durch das Objekt bestimmt, während die Assimilation durch das Subjekt bestimmt ist. Entsprechend gibt es denn auch keine Akkomodation ohne Assimilation, denn stets wird die Akkomodation von etwas an ein beliebiges Verhaltensschema assimiliert, ebenso kann es keine Assimilation ohne Akkomodation geben, da das Schema der Assimilation allgemein ist und stets an die besondere Situation angeglichen werden muß. Ich habe als Beispiel vom Säugling gesprochen, aber mit einem Wissenschaftler, einem Physiker verhält es sich ebenso. Man hat eine Theorie, sie ist ein Assimilationsschema, und man kann sie an verschiedene Situationen anpassen. In der Mechanik gelten für ganz unterschiedliche Situationen die gleichen Prinzipien der Erhaltung der Bewegung. Die Anpassung dieses Assimilationsschemas an alle Situationen ist Akkomodation.

J.-Cl. B.: Adaptation?

J. P.: Genau. Als Adaptation bezeichne ich allerdings lieber das Gleichgewicht zwischen Assimilation und Akkomodation. Denn bei der Adaptation gibt es immer zwei Pole: Man hat den Pol Subjekt-Assimilation und den Pol Objekt-Akkomodation. Ich ziehe diese Begriffe vor, weil sie besser die Trennung von Subjekt und Objekt zeigen. Diese beiden Pole sind immer vorhanden. Wenn man dagegen einfach unkommentiert »Adaptation« sagt, dann scheint es ums Objekt zu gehen, auf das Objekt abzuzielen. In Wahrheit ist die Adaptation ein umfassendes Ganzes mit zwei nicht voneinander zu trennenden Polen. Assimilation und Akkomodation.

J.-Cl. B.: Und was ist mit der Äquilibration? Sie stellen diesen Begriff neben die beiden anderen...

J. P.: Das bedeutet so viel, daß Assimilation und Akkomodation in einem bestimmten Verhältnis zueinander stehen, das stabil sein kann. Bei einem Akt der Intelligenz gibt es ein Gleichgewicht, weil die beiden einander nicht beeinträchtigen, sich im Gegenteil gegenseitig unterstützen.

J.-Cl. B.: Warum ist die Äquilibration nicht einfach ein Gleichgewicht?

J. P.: Weil sie ein Prozeß ist und kein Kräftegleichgewicht. Hingegen bedeutet Gleichgewicht Rückkehr in einen fixen Urzustand.

J.-Cl. B.: Also etwas Dynamisches?

J. P.: Ja. Sie ist die Selbstregulierung, von der ich vorhin gesprochen habe. Ein Gleichgewichtssystem ist ein solches, in dem alle Fehler korrigiert und jedes Übermaß nach oben oder nach unten ausgeglichen werden. Es ist kein statisches Gleichgewicht wie bei einer reglosen Waage, es ist die Regulierung eines Verhaltens.

J.-Cl. B.: Ein Gleichgewicht, daß sich auf einem immer neuen Niveau wieder einpendeln muß...

J. P.: Ein dynamisches Gleichgewicht, wie die Physiker sagen. Denn es ist niemals vollkommen, und es gibt immer störende äußere Faktoren.

J.-Cl. B.: Es reagiert ständig, und das sorgt für ständige Neuerung...

J. P.: Ganz genau. Es ist der Prozeß, der zum Gleichgewicht führt. Aber da das Gleichgewicht – Gott sei Dank – niemals erreicht wird, weil dazu das gesamte Universum assimiliert werden müßte...

J.-Cl. B.: Läuft man ihm immer hinterher!

J. P.: Genau das, aber gerade das hält ja auch die Wissenschaft am Laufen. Wenn sie einmal vollendet ist... davon wird noch zu reden sein, aber ich glaube nicht, daß die Menschheit je so weit kommt.

J.-Cl. B.: Schafft sie das nie?

J. P.: Was heißt Vollendung? Die Vollendung der Mathematik würde bedeuten...

(Pause.)

J.-Cl. B.: Aber was Sie sagen, erweckt den Eindruck, daß sich das Kind intellektuell plötzlich verändert, einen sprunghaften Wandel vollzieht.

J. P.: Nein. Dieser Wandel vollzieht sich langsam. Plötzlich ist lediglich die abschließende Einsicht im Augenblick der Vollendung der Struktur. Einer solchen plötzlichen Einsicht begegnet man häufig während einer Befragung. Ein Kind tappt im dunkeln, und ganz plötzlich hat es die Erleuchtung. »Ach so!« sagt es und gibt eine Antwort, die mit dem Beginn der Befragung nichts mehr zu tun hat.

J.-Cl. B.: Das ist phantastisch.

J. P.: Ja, aber diese Einsicht setzt natürlich einen vorangegangenen kognitiven Prozeß voraus, der unbewußt, unter der Oberfläche abgelaufen ist. Und dann wird es schlagartig bewußt. Das Kind sieht die Dinge in der Außenwelt plötzlich völlig anders. Eben das kommt plötzlich, nicht die Konstruktion, sondern die Bewußtwerdung.

J.-Cl. B.: Und das alles erfahren Sie also aus den Berichten der Mitarbeiter ihres Teams?

J. P.: Gegenwärtig schon. Ich habe die längste Zeit natürlich selbst Befragungen durchgeführt.

J.-Cl. B.: Und warum jetzt nicht mehr?

J. P.: Weil ich keine Zeit habe. Eine Forschung gelingt nur dann, wenn man am Ball bleibt, und meine Methode sieht so aus, daß ich Ergebnisse zunächst einmal vorläufig und hypothetisch formuliere und sie im Verlauf der Untersuchung noch einmal überarbeite. Das bringt mich auf Ideen. Aber ich muß es selbst tun, und das braucht immer mehr Zeit.

J.-Cl. B.: Ideen und Experimente zu Ideen, die Sie dann auf neue Ideen bringen?

J. P.: Ja, genau.

J.-Cl. B.: Hat es Ihnen Spaß gemacht, selbst Fragen zu stellen?

J. P.: Sehr. Das war spannend. Und es fehlt mir manchmal. Ich habe das jahrelang betrieben, jeden Nachmittag in Genfer Schulen. Und in Paris, als ich Mitarbeiter in Binets Laboratorium war. Das war in einer Grundschule. Ich hatte dort jeden Nachmittag mit Kindern im Alter zwischen sieben und zwölf Jahren zu tun.

J.-Cl. B.: Mögen Sie Kinder?

J. P.: Sehr.

J.-Cl. B.: Als Versuchskaninchen?

J. P.: Aber nein! Die Beschäftigung mit ihnen ist lebendig, einfach herrlich. Es ist erfrischend. Ach, einfach wunderbar.

J.-Cl. B.: Aber für Sie gibt es doch kaum Überraschungen. Sie wissen doch schon immer alles, was sie sagen werden.

J. P.: Gerade nicht. Sobald man eine neue Versuchsanordnung hat, gibt es Überraschungen. Bei unserer Methode geht es vor allem darum, das Gespräch bis zu dem Augenblick in Gang zu halten, bis man den Prozeß sieht.

J.-Cl. B.: Und sich vom Kind leiten zu lassen?

J. P.: Genau. Sich von jeder Antwort leiten zu lassen. Auf diese Art erlebt man manchmal richtige Überraschungen.

J.-Cl. B.: Ist die Reihenfolge der Fragen wichtig?

J. P.: Sehr sogar, und zwar deshalb, weil nichts mehr klar ist, wenn man unvorsichtigerweise suggestive Fragen stellt, die das Kind in eine bestimmte Richtung lenken. Man muß die Fragen so stellen, daß es keine verbale Manipulation gibt.

J.-Cl. B.: Daß das Kind die Antworten nicht raten kann.

J. P.: Ja. Und das ist überhaupt nicht einfach. Dazu bedarf es einer monatelangen Ausbildung.

J.-Cl. B.: Braucht man eine besondere Begabung?

J. P.: Man braucht sehr viel Feingefühl. Man muß dem Kind Anregungen geben, Interesse wecken können, und dies ohne etwas zu suggerieren. Anfängern passiert es oft, daß sie entweder kein Interesse wecken, das Kind zum Gähnen bringen, oder es mit der Nase auf das Gewünschte stoßen. Sie diktieren ihm die Antwort.

J.-Cl. B.: Als ich mir unsere Gespräche noch einmal durch den Kopf gehen ließ, habe ich mich gefragt: Gibt es eine Regression? Ich meine, wenn eine neue Struktur auftaucht, wenn das Bewußtsein des Kindes eine höhere Stufe erreicht, ist dann nicht ein Untergang oder zumindest eine teilweise Zerstörung von vorangegangenen Strukturen möglich?

J. P.: Ich würde es nicht Zerstörung nennen, sondern ein Ungleichgewicht, das momentane Regressionen mit sich bringen kann. Das ist zweifellos der Fall. Wenn ein allzu neues Faktum nicht auf einen Schlag durch eine Anpassung der Strukturen integriert werden kann, dann kann es zu vorübergehenden Regressionen kommen. Aber das ist nicht nur beim Kind der Fall. Nehmen Sie den berühmten Fall des Biologen Driesch: Er entdeckte die Steuerung der Entwicklung des Embryos im Blastula-Stadium und stellte fest, daß man nach dem Zerteilen des Keims zwei Embryonen erhält: Er war völlig verblüfft, hielt eine Erklärung mit den Modellen der kausalen Embryologie für unmöglich und kam deshalb wieder auf aristotelische Vorstellungen zurück! Er sprach von einer Entelechie, gab die Biologie schließlich auf und wurde Professor für Philosophie. Nach meiner bescheidenen Meinung ist das eine kleine Regression. (Er lächelt, schwächt ab:) Jedenfalls hat der Rückgriff auf die Entelechie etwas von einer Regression. Drieschs Entdeckung stand am Anfang jeder kausalen Embryologie, aber seine Theorie wurde sofort wieder aufgegeben. Und dann hat man versucht…

J.-Cl. B.: In gewissem Sinne sind diese Regressionen der Preis… für neue Errungenschaften.

J. P.: Genau. Wenn eine rasche Äquilibration ausbleibt, dann kann es zu einer Regression und einem anschließenden Neuanfang kommen.

J.-Cl. B.: Ich dachte, es gäbe immer eine Regression, insofern es eine Reorganisation gibt.

J. P.: Nein. Eine Reorganisation beinhaltet keine Regression. Eine Reorganisation…

J.-Cl. B.: Aber dabei werden doch notwendigerweise bestimmte Dinge aufgegeben.

J. P.: Nein, nicht notwendigerweise. In der Physik ist das manchmal der Fall: Wenn man eine falsche Theorie aufgibt und sie durch eine bessere ersetzt. Aber in der Mathematik geschieht dies niemals. Die euklidische Geometrie ist durch die Entdeckung der nichteuklidischen Geometrien keinesfalls falsch geworden: Sie ist in eine erweiterte Struktur integriert worden, als ein Sonderfall. Der Fehler bestand darin, daß sie als allgemein galt, und dann erwies sie sich als Sonderfall, ein Sonderfall unter anderen Strukturen, und das hat mit einer Regression nicht das geringste zu tun. Und mit dieser Neuerung wurde auch nichts aufgegeben. Man hat keinen Lehrsatz von Euklid aufgegeben.

J.-Cl. B.: Ist dies das Grundmuster des Fortschritts?

J. P.: Fortschritt in der Mathematik bedeutet immer Bereicherung. In den experimentellen Wissenschaften bedeutet er dagegen häufig eine Abkehr von falschen Hypothesen.

J.-Cl. B.: Nun, bei den Strukturen habe ich noch einen weiteren Aspekt nicht begriffen. Wie ich Sie verstanden habe, haben Sie gemeint, die Entwicklung eines Kindes, seine Intelligenz, sei ein Hinweis auf eine Kopie oder eine Nachahmung – ich weiß nicht, was das richtige Wort ist – der Geschichte des menschlichen Erkenntnisfortschritts im allgemeinen. Irre ich mich? Das Kind macht nach, was die intelligente Menschheit im Verlauf ihrer Geschichte vorgemacht hat?

J. P.: Man sollte diesen Parallelismus zwischen Geschichte und individueller Entwicklung[2] wohl nicht übertreiben, aber in groben Zügen gibt es sicher Etappen, die sich gleichen. In der Geschichte ist man sehr wohl dazu gezwungen, mit materiellen Techniken zu beginnen, bevor man zur Reflexion, Darstellung und wissenschaftlichen Erklärung in der Lage ist. Nehmen Sie im Bereich der Kausalität, mit der wir uns augenblicklich befassen, die ersten Erklärungen der Vorsokratiker, der ersten griechischen Physiker. Man kommt zu sehr ähnlichen Ergebnissen wie beim Kind, wenn es zu begreifen beginnt, daß Materie erhalten bleibt, daß Zucker, der sich auflöst, aus kleinen Teilchen besteht und diese im Wasser erhalten bleiben. Und daß man sie durch Zusammenfügen wieder in Zucker überführen kann.

---

2 Als ich ihm sechs Jahre später erneut begegnete, war er von diesem Parallelismus so fest überzeugt, daß er ein Buch dazu schrieb. Das neunte Gespräch (1975) ist diesem Thema gewidmet.

SECHSTES GESPRÄCH

Erkenntnis und Affektivität

Jean-Claude Bringuier: Beschäftigen Sie sich mit der Entwicklung des Menschen und ihren Etappen nur im Hinblick auf die Intelligenz?

Jean Piaget: Ja.

J.-Cl. B.: Und überhaupt nicht auf affektiver Ebene?

J. P.: Es ist einfach so, daß mich das nicht interessiert. Ich bin kein Psychologe. Ich bin Erkenntnistheoretiker. (Er lächelt verschmitzt.)

J.-Cl. B.: Aber Sie betreiben doch experimentelle Psychologie?

J. P.: Weil ich Fakten will.

J.-Cl. B.: Und bei der affektiven Komponente gibt es keine Fakten?

J. P.: Das Problem interessiert mich auf wissenschaftlicher Ebene nicht. Es ist kein Problem der Erkenntnis, und nur an dieser bin ich besonders interessiert. Und zudem scheinen mir alle Theorien, die zum affektiven Bereich erstellt wurden, solange fürchterlich provisorisch, bis uns die Physiologen präzise endokrinologische Erklärungen liefern.

J.-Cl. B.: Also Fakten.

J. P.: Genau.

J.-Cl. B.: Aber wie kann man sich mit einem Individuum, einem Kind beispielsweise, nur im Hinblick auf seine Intelligenz, auf die Entwicklung seiner Intelligenz beschäftigen, ohne seine affektive Seite zu beachten? Geht das eine ohne das andere?

J. P.: Es ist vollkommen einsichtig, daß für das Funktionieren der Intelligenz eine treibende Kraft affektiver Art notwendig ist. Man wird niemals ein Problem zu lösen versuchen, wenn es einen nicht interessiert. Das Interesse, die gefühlsmäßige Motivation ist die Triebfeder für alles.

J.-Cl. B.: Lust auf das eine, Abneigung gegen das andere.

J. P.: Das gehört natürlich zur Energetik. Nehmen Sie beispielsweise zwei Kinder im Rechenunterricht. Dem einen macht das Spaß, und es kommt voran. Der andere hat das Gefühl, er kommt nicht mit, und das führt zu Minderwertigkeitsgefühlen und all den psychischen Schwierigkeiten, die bei den Schwachen in Mathematik auftauchen. Der erste wird sehr viel schneller, der zweite sehr viel langsamer vorankommen. Trotzdem sind für beide zwei und zwei vier. Es ändert nichts an der bereits erworbenen Struktur. Wenn als Problem der Aufbau von Strukturen untersucht wird, dann ist der affektive Bereich als Triebfeder zwar wesentlich, aber er liefert keine Erklärung für Strukturen.

J.-Cl. B.: Es ist merkwürdig, daß das Affektive nicht auch im Hinblick auf die Strukturen in Erscheinung tritt! Ein Individuum ist doch eine Totalität, etwas Ganzes.

J. P.: Das schon, aber wenn Sie bei der Untersuchung von Gefühlen Strukturen finden, sind das Strukturen der Erkenntnis. Bei den Gefühlen gegenseitiger Zuneigung beispielsweise gibt es ein Element des Verständnisses, ein Element der Wahrnehmung. All das ist kognitiv. Beim Verhalten hat man, und darüber, meine ich, sind sich alle Autoren einig, sowohl eine Struktur als auch eine Energetik. Es gibt die Triebfeder und den Mechanismus.

J.-Cl. B.: Und Sie interessieren sich für den Mechanismus!

J. P.: Ganz genau.

J.-Cl. B.: Aber wenn alle Menschen, wie Sie sagen, den Strukturen gehorchen, wo ist dann noch das Ureigentliche des Wesens, des einzelnen anzusiedeln?

J. P.: Sie vergessen die Akkomodation, nach der Sie mich gefragt haben. Es gibt eine gewaltige Diversifizierung der Strukturen.

86

Und gleiche Strukturen, die von verschiedenen Individuen integriert werden…

J.-Cl. B.: Jeder akkomodiert auf seine Weise…

J. P.: Ganz offensichtlich. Die Akkomodation ist eine Quelle unendlicher Differenzierungen. Die Strukturen sind sehr allgemein. Die Zahl, die Reihe der ganzen Zahlen ist für alle Menschen die gleiche, aber das bedeutet doch nicht, daß Mathematiker keine authentischen Individuen mehr sind. Es gibt eben eine Diversifizierung der Strukturen…

(Das schon, dachte ich… Aber kann man einen Menschen auf die »Akkomodation« reduzieren? Selbst wenn der Ausdruck für denjenigen, der ihn geprägt hat, unvergleichlich viel facettenreicher und nuancierter ist, als ein gelegentlicher Gesprächspartner erfassen kann… Ich war betroffen von der fachlichen Nüchternheit des Wortes. Und das weckte bei mir die Lust, mit Piaget wieder über Jean Piaget zu reden.)

J.-Cl. B.: Waren sie schon immer unreligiös?

J. P.: Ja, das heißt nein, in der Jugend nicht.

J.-Cl. B.: Wurde der Wandel durch eine Krise ausgelöst?

J. P.: Nein, ich kam einfach gleich zur Immanenzphilosophie…

J.-Cl. B.: Und Sie fühlten sich zur Erkenntnis hingezogen.

J. P.: Ja, denn die ist eins mit dem Leben.

J.-Cl. B.: Vermissen Sie, nennen wir es, spirituelle Empfindungen denn niemals?

J. P.: Nein. Ich glaube an das Subjekt, und das heißt an den Geist glauben. In dem Sinne bin ich Anhänger der Immanenzphilosophie geblieben.

J.-Cl. B.: Muß derjenige, der an den Geist glaubt, nicht mehr an Gott glauben?

J. P.: Er braucht vor allem keine ausformulierte Metaphysik.

J.-Cl. B.: Aber zeugt die Metaphysik wie die Religiosität oder die

Mystik nicht von einer Sehnsucht nach Einheit? Das meinte ich mit Philosophie: Man kann darüber nicht einfach hinweggehen, weil das Bedürfnis existiert. Beim Menschen gibt es ein Bedürfnis nach Einheit.

J. P.: Aber die Suche nach der Einheit scheint mir sehr viel solider als die Behauptung einer Einheit; das Bedürfnis und die Suche und der Gedanke, daß man an ihr arbeitet…

J.-Cl. B.: Auch die wissenschaftliche Forschung?

J. P.: Nun, nehmen Sie mein Fachgebiet, die Psychologie. Sie versucht, den ganzen Menschen als eine Einheit zu erklären, und nicht als Pulverisierung seiner einzelnen Verhaltensweisen. Jede beliebige Forschung zum Kind, zur Intelligenz, zur Wahrnehmung, zu jedem beliebigen Gegenstand fügt sich in eine Gesamtschau. Ich wüßte nicht, wo nicht nach Einheit geforscht würde. Weil die Wissenschaft Schritt um Schritt, mühselig und mit jeder Art Überprüfung voranschreitet, geht das natürlich sehr viel langsamer vonstatten, als wenn man ein System konstruiert.

J.-Cl. B.: Und es ist weniger spektakulär.

J. P.: Das allerdings. Dagegen erlangt die Art System, von der Sie gesprochen haben, die Einheit sofort, sehr rasch, in ein paar Jahren des Nachdenkens. Aber es ist die Einheit eines X-Beliebigen, der an sein System glaubt. Für denjenigen, der nicht an sie glaubt, hört die Einheit auf! Er hat ein anderes System, womit schon ein Dualismus herrscht. Dagegen ist die Wissenschaft ein kollektives Werk, bei dem jeder Forscher ganz gleich aus welchem Land seinen Stein zu einer Sache beiträgt, die die Einheit der psychologischen Forschung in der gesamten Welt ausmacht, um dieses Beispiel zu nehmen.

J.-Cl. B.: Sie meinen, die Psychologie erlangt den ganzen Menschen wieder oder versucht dies.

J. P.: Ja. In der Psychologie gibt es keine Tabuthemen mehr, sagte Freud.

J.-Cl. B.: Trotzdem, wenn man Sie zum Beispiel über das Affektive reden hört, dann kommt dieser Bereich innerhalb der Psychologie in dem Sinne, daß er eine einfache Triebfeder ist, doch sehr schlecht weg.

J. P.: Aber keineswegs! Dieses Problem übersteigt nach meiner Einschätzung heute einfach unseren Kenntnisstand. In fünfzig Jahren wird man über diesen Bereich intelligente Aussagen machen können, weil er sehr viel schwieriger ist und weil man die neurologischen Fakten nicht kennt. Aber um Ihre Worte wieder aufzugreifen, die wissenschaftliche Forschung an sich ist eine Suche nach Einheit: Weil sie die tägliche Bestätigung für die Kraft des Geistes ist.

J.-Cl. B.: Tja… Wir sehen uns jetzt schon ein ganzes Weilchen – für Sie schon zu lange –, und ich habe den Eindruck, vor einem Mann zu sitzen, der sich in seinem Beruf, bei der Arbeit zurückzieht. Sie machen nicht den Eindruck, als würden Sie sich gerne exponieren. Täusche ich mich?

J. P.: Nein, das ist genau richtig. Ich muß mich nur wieder an die Arbeit machen, dann verschwindet der ganze Ärger des Lebens!

J.-Cl. B.: Entschuldigen Sie, daß ich das sage, aber man hat nicht das Gefühl, als hätten Sie viel Ärger.

J. P.: Das ist möglich. Andererseits war ich einer der umstrittensten Autoren. Meine ersten Werke bekamen allgemein vernichtende Kritik, vor allem in den Vereinigten Staaten. Ich glaube, es war der Psychiater Anthony, der geschrieben hat: »Piaget ist viel zu narzißtisch, um auf die Kritiker zu hören, und hat seinen Weg ruhig fortgesetzt.«

J.-Cl. B.: Hatte er recht?

J. P.: Ja. Eine Gruppe amerikanischer Psychologen hat mir neulich einen Band überreicht, den sie mir gewidmet haben. Folgendes Wort darin hat mir sehr gefallen: Ich hätte seit vierzig Jahren eine totale Abneigung gegen den Zeitgeist, gegen alle gängigen Theorien…

J.-Cl. B.: Die schon da waren, ja…

J. P.: Und folglich sei ich jetzt, nachdem man mich entdeckt hat, kein Vorfahr, sondern ein Zeitgenosse und sogar die Avantgarde…, meinte der wohlwollende Verfasser. Tatsächlich habe ich mich jahrelang nicht um Strömungen gekümmert, weil ich im Grunde sehr wenig lese.

J.-Cl. B.: Ja, in der Hinsicht sind Sie Einzelgänger. Sind Sie es inzwischen weniger?

J. P.: In der Hinsicht. Zum Arbeiten habe ich allerdings immer die Gruppe gebraucht!

J.-Cl. B.: Ja, aber die Gruppe selbst war doch ein Inselchen, eine Insel, nicht?

J. P.: Ja, meinetwegen.

J.-Cl. B.: Ich sehe, daß Sie Ihre Rosette der Ehrenlegion tragen. Die französische…

J. P.: Ja, sie ist sehr nützlich.

J.-Cl. B.: Inwiefern?

J. P.: An Zollstationen und sogar in Restaurants.

J.-Cl. B.: Aber Sie gehen doch nicht jeden Tag durch den Zoll!

J. P.: Doch, fast! Von mir zur Grenze sind es auf dem Fahrrad zehn Minuten. Le Salève ist in Frankreich, also schon die kleinste Tour… Einmal ist es mir passiert, daß ich vom Regen völlig durchnäßt ein Bistro in Savoyen betrat und die Bedienung auf mich zukam, um mich wieder hinauszuschicken. Dann hat der Mann die Rosette gesehen und doch noch einen Platz gefunden! Und vor allem die Zöllner machen weniger Ärger.

J.-Cl. B.: Eigentlich wollte ich nur wissen, ob Sie für Ehrungen empfänglich sind.

J. P.: Oh, im großen und ganzen freuen sie einen immer, aber ich kann nicht sagen, daß sie mich sehr beschäftigen. Über die letzte Doktorwürde habe ich mich gefreut, weil es die zwanzigste ist! Daß es zwanzig werden, hätte ich nicht gedacht!

J.-Cl. B.: Die Verleihung ist nächsten Oktober?

J. P.: Ja.

J.-Cl. B.: Und wo?

J. P.: In Chicago, bei den Jesuiten, an der Loyola University! Damit habe ich die Medaille der Moskauer Universität* und die Ehrendoktorwürde der Jesuiten!

J.-Cl. B.: Ein gewaltiger Eklektizismus. (Gelächter.) Damit genießen Sie fast universelle Anerkennung!

J. P.: Anerkennung, wissen Sie… (Pause.) Natürlich freut einen das, aber es ist katastrophal, wenn man sieht, wie man verstanden wird!

J.-Cl. B.: Haben Sie das Gefühl, falsch verstanden zu werden?

J. P.: Im allgemeinen ja.

J.-Cl. B.: Meinen Sie damit das Verständnis Ihrer Theorien oder meinen Sie deren pädagogische Umsetzung?

J. P.: Ich meine auf theoretischer Ebene. Nun, das ist wohl das normale Schicksal. Eine Gruppe von Fachkollegen versteht mich sehr gut. Und außerdem hat man später immer den Eindruck, daß man besser verstanden wird.

J.-Cl. B.: Kann man bei Ihnen – das Wort mögen Sie bestimmt nicht! – von einer Leidenschaft für die Forschung reden?

J. P.: Aber ja! Durchaus! Gewiß!

J.-Cl. B.: Und was können Sie darüber sagen. Wie macht sich das bemerkbar?

J. P.: Nun, das ist schwierig zu analysieren. Ein schönes Ergebnis erfüllt einen eben mit Freude.

---

* Wahrscheinlich die Lomonossow-Goldmedaille, höchste Auszeichnung der Akademie der Wissenschaften der UdSSR.

Die Kausalität
oder Wie interpretieren wir
die Erscheinungen der Wirklichkeit?

Am folgenden Samstag hatten wir nach seiner wöchentlichen Radtour eine Verabredung im Garten.

Jean-Claude Bringuier: War die Radtour angenehm, Monsieur Piaget?

Jean Piaget: Hervorragend.

J.-Cl. B.: Sind Sie weit gefahren?

J. P.: Ich bin zur Brücke Pont de Filinger gefahren. Das ist hinter dem Massiv Les Voirons, an der Pointe des Brasses. Nicht gerade weit!

J.-Cl. B.: Zehn Kilometer? Oder zwölf?

J. P.: Ungefähr.

J.-Cl. B.: In dieser Ecke Ihres Gartens liegen also Ihre Pflanzungen?

J. P.: Ja, ein Teil. Die Pflanzen in meinem Arbeitszimmer würden im Winter erfrieren. Aber die hier halten die Kälte aus. Die da aus Wladiwostok verträgt den Genfer Winter zum Beispiel bestens!

J.-Cl. B.: Und wo kommt die her?

J. P.: Aus Südfrankreich, aus den Bergen. Und die da aus den Rokky Mountains.

J.-Cl. B.: Hat sie Ihnen jemand mitgebracht?

J. P.: Nein, ich habe sie eingetauscht. Sie kommt von der Universität Cornell, aus dem botanischen Garten. Es gibt wenig Fachleute, aber wenn man einen Fachmann trifft, hat er gleich so allerhand. (Er bückt sich, schleudert etwas fort.) Eine Molluske!

J.-Cl. B.: Schadet die den Pflanzen?

J. P.: Ziemlich, ja. Sie frißt sie.

J.-Cl. B.: Und woher stammt das Gewächs da?

J. P.: Aus Bulgarien. Und das stammt von den Ufern des Delaware in den Vereinigten Staaten, die weiße Blüte da. Das da wächst im Hochgebirge, bei Zermatt... Und das stammt aus Asien... die gelbe Blüte... Oh, das ist eine interessante Geschichte. Ich habe sie auf dem Tisch in einem Restaurant im kalifornischen Berkeley entdeckt, bei einem Abschiedsessen nach einigen Vorträgen. Der Tisch war mit kleinsten Stengeln dieses Sedums geschmückt...

J.-Cl. B.: Und Sie haben gefragt, was das ist?

J. P.: Nein, ich habe sofort zugegriffen... Ich wußte, was für eine Art das ist.

J.-Cl. B.: Und es geht noch immer um Experimente zum Abfallen der...

J. P.: Ja, zum Abfallen der Seitentriebe. Eine morphogenetische Antizipation. Aber das sind keine erblichen Strukturen, teilweise zumindest nicht. Ich denke, zu einem guten Teil ist es eine Frage des Übergangs, eine Frage der Adaptation während des Wachstums. Eine sogenannte epigenetische Struktur, also nicht ausschließlich erblich.

J.-Cl. B.: Gehen Sie eigentlich nur deswegen in den Garten?

J. P.: Eigentlich schon.

(Das Gespräch stockt. Er wirkt zerstreut und ungeduldig.)

J.-Cl. B.: Gut, bis morgen?

J. P.: Bis morgen, danke.

J.-Cl. B.: Ich möchte Sie nicht länger aufhalten.

J. P.: Vielen Dank. Bitte entschuldigen sie mich jetzt. Ich habe wirklich zu tun.

Er hat kaum eigene Bedürfnisse, abgesehen vom bescheidenen nach Tabak. An diesem Tag war er ihm ausgegangen. Ich habe ihm meinen angeboten.

96

J.-Bl. B.: Wie finden Sie ihn?

J. P.: Besonders stark ist er nicht.

J.-Cl. B.: Woher kommt denn Ihrer?

J. P.: Aus Kentucky, glaube ich. Aber verarbeitet wird er in der Schweiz. Ich kaufe ihn im Wallis.

J.-Cl. B.: Rauchen Sie viel?

J. P.: Nun, um die 12 Gramm pro Tag… Ich versuche weniger zu rauchen, um meinem Arzt zu gefallen, obwohl er sich um mich keine Sorgen macht.

J.-Cl. B.: Ich glaube, unsere Gespräche haben Sie einiges gekostet. Das ging ja von Ihrer Arbeitszeit ab… Man merkt oft, daß Sie es eilig haben, daß Ihre Zeit knapp bemessen ist.

J. P.: Manchmal ja. Bei der Kausalität fühlte ich mich unter Druck. Aber jetzt, wo die Sache klarer liegt, ist das weniger der Fall.[1]

J.-Cl. B.: Aber ich habe allgemein das Gefühl, Sie räumen alle Hindernisse aus Ihrem Weg.

J. P.: Das ist ein Fehler, natürlich!

J.-Cl. B.: Tatsächlich?

J. P.: Ja, und das habe ich schon immer so gemacht.

J.-Cl. B.: Bei allem?

J. P.: Wenn man arbeiten will, braucht man eine Wertehierarchie… Bei Proust gibt es dazu eine sehr schöne Stelle in *Die Wiedergefundene Zeit*, als ihm zur Vollendung seines Werkes nur noch wenig Zeit bleibt und er sich entscheiden muß zwischen dem Schreiben oder Freundschaftsdiensten, die aber relativ ne-

---

1 Wie alle Autoren kennt auch Piaget Phasen, in denen die Arbeit zäh wird, ins Stocken gerät und dann wieder leichter von der Hand geht. Eine Beschreibung dieser Phasen wäre gewiß interessant. Es gibt eine zeitliche Topologie, eine Wegstrecke, die der mit dem Stoff ringende Autor zurücklegen muß. Für Piaget war die Kausalität eine Krise, ein hindernisreicher Weg dieser Art. Claude Lévi-Strauss hat uns von ähnlichen Erfahrungen während der acht Jahre berichtet, die er für die Vorbereitung und Redaktion der Mythologica gebraucht hatte: Er entschloß sich zu einer komprimierten und gestrafften Darstellung, weil er befürchtete, er werde mit dem Stoff nicht fertig und schlage sich »bis ans Ende der Zeit« mit Bergen von Einzelheiten zu den behandelten Mythen herum.

97

bensächlich sind, weil sie auch andere an seiner Stelle leisten können. Seine Arbeit kann dagegen kein anderer tun... zumindest nicht die geistige...

J.-Cl. B.: Als Sie gestern von Ihrer Radtour zurückgekehrt sind, waren Sie über meinen Besuch nicht erfreut: Sie hatten Gedanken im Kopf.

J. P.: Ja natürlich! Ich mußte sie zu Papier bringen, bevor sie mir entfallen würden. Es war die Verbindung zwischen zwei Kapiteln, die sich scheinbar widersprachen.

J.-Cl. B.: Zu dem Buch, das gegenwärtig entsteht?

J. P.: Ja. Ich meine, zu meiner gegenwärtigen Beschäftigung mit der Kausalität. Das ist nicht einfach, überhaupt nicht...

J.-Cl. B.: Wie viele Kapitel sind denn schon fertig?

J. P.: Dreiundneunzig. Ich bin heute morgen fertig geworden. Es geht nicht um die Kapitel eines einzigen Buchs. Es handelt sich um dreiundneunzig schriftlich fixierte Studien, aus denen ich dann Bücher machen werde.

J.-Cl. B.: Und die sollen in einzelne Bücher aufgeteilt werden?

J. P.: Ja. Und auf dem Gebiet der Kausalität sind viel mehr Widersprüche möglich als auf dem Gebiet der inneren logisch-arithmetischen Operationen, weil die Operationen ja vom Subjekt hervorgebracht, konstruiert werden, während die Kausalität zur Welt der Erscheinungen und der Objekte gehört. Wenn man die experimentelle Situation verändert, erhält man möglicherweise scheinbar widersprüchliche Ergebnisse, bis man begreift, warum sie nicht widersprüchlich, aber dennoch unterschiedlich sind. Nun, und an dem Punkt war ich gestern nach der Rückkehr von meiner Radtour...

98

J.-Cl. B.: Sie beschäftigen sich also gegenwärtig mit der Kausalität, oder besser, Sie beschäftigen sich erneut mit ihr. Diese Untersuchung haben Sie ja schon einmal durchgeführt, ich glaube...

J. P.: Ja, um 1928, 1930. Aber das Problem ist damals nicht richtig angegangen worden. Also habe ich es wieder aufgegriffen.

J.-Cl. B.: Fast fünfzig Jahre später?

J. P.: Allerdings. Und jetzt befassen wir uns bereits vier Jahre damit! Das Problem ist fürchterlich!

J.-Cl. B.: Wie das denn?

(Pause. Er zieht an seiner Pfeife und legt los.)

J. P.: Wie erklärt die Wissenschaft die Erscheinungen? Ist das Bedürfnis nach Erklärungen überhaupt grundlegend? Oder gibt die Wissenschaft, wie die Positivisten glauben, nur Beschreibungen... stellt sie Gesetze auf? Ich glaube mit Meyerson und sehr vielen anderen, daß das Bedürfnis nach Erklärungen grundlegend ist. Außerhalb davon gibt es keine Erkenntnis der realen Welt. Was also ist Kausalität? Wie wird bei den Erklärungen vorgegangen?

J.-Cl. B.: Versuchen Sie auch auf diesem Gebiet durch Experimente mit Kindern Aufschlüsse zu gewinnen?

J. P.: Ja natürlich.

J.-Cl. B.: Und warum befassen Sie sich damit gerade jetzt?

J. P.: Das ist so: Wir haben anfänglich die kindliche Logik untersucht. Bei der Untersuchung der Intelligenz lag das nahe. Anschließend haben wir uns mit der Zahl, dem Raum, der Zeit, der Geschwindigkeit usw. befaßt. Das alles hat Jahre in Anspruch genommen und zu Reihen von Studien und Büchern geführt. Aber das sind alles die Operationen des Subjekts, und man merkt immer mehr, daß sich diese Operationen auf einem Gebiet leichter anwenden lassen als auf einem anderen, weil es den Widerstand des Objektes gibt. Was also bedeutet das Objekt für das Subjekt, wie erklärt das Subjekt die Reaktionen des Objektes? Das Problem der Kausalität hat sich als logische Folge aus dem Studium der Operationen des Subjektes ergeben.

J.-Cl. B.: Und welche Art Experimente haben Sie gemacht?

J. P.: Zunächst die generelle Hypothese: Ich glaube, eine Erklärung läuft immer darauf hinaus, den Objekten Handlungen oder Operationen zuzuschreiben, die den unseren, denen des Subjektes, ähnlich sind. Zum Beispiel die Übertragung oder die Vereinigung, die Verschiebung usw. Die Kausalität bestünde demnach darin, daß wir unsere Operationen auf Dinge übertragen, die so als gegenseitig aufeinander einwirkende Operationen begriffen werden.

J.-Cl. B.: Ist das Magie?

(Er lächelt überrascht.)

J. P.: Nein, zum Teufel, wieso denn? Die ganze Mikrophysik benutzt Operatoren, die den algebraischen Operatoren nachempfunden sind.

J.-Cl. B.: Ich meine, den Dingen Kräfte zu verleihen, die in Wahrheit anscheinend unsere eigenen sind…

J. P.: Es geht nicht ums Kräfteverleihen, sondern um den Gedanken, daß die Objekte sich rational verhalten und nach Strukturen, die isomorph zu unseren mathematischen Operationen sind, aufeinander einwirken. Andernfalls würde man sie nicht verstehen! Das ist keine Magie, sondern eine allgemeine Überzeugung in der abendländischen Wissenschaft…

J.-Cl. B.: Isomorph, nachempfunden nach…

J. P.: Ja, sie sind analog. Und wenn das Kind bei der Repräsentation der umgebenden Welt Fortschritte macht, das heißt, wenn es neue Strukturen erwirbt, dann erwirbt es ein Verständnis für Dinge, die ihm bis dahin völlig verschlossen geblieben sind. Nehmen Sie zum Beispiel die Kraftübertragung, von der wir gesprochen haben.

J.-Cl. B.: Wenn eine Kugel auf eine andere stößt…?

J. P.: Meinetwegen. Vor allem aber, wenn eine Kugel auf die erste einer Reihe ruhender Kugeln stößt und die letzte wegschnellt. Es geht um ein Verständnis, warum die letzte wegschnellt. Nun, für die Kleinen, Kinder mit vier oder fünf Jahren, kommt die erste Kugel an, schlüpft hinter den anderen durch und schubst die letzte an, ohne dabei gesehen zu werden. So reimen sie es sich zusammen… Gut. Dann, gegen sechs Jahre, stößt die aktive Kugel auf die erste ruhende, die stößt die zweite an, die zweite die dritte, und die dritte rollt los. Jede stößt die nächste an… Ungefähr mit sieben Jahren wird das noch immer so gesehen, aber zudem mit dem Gedanken, daß ein kleiner Ruck durch die Kugeln läuft, ein Stoß.

J.-Cl. B.: Eine Kraft…

J. P.: Ja, ein Stoß oder eine Kraft, die von einer Kugel auf die nächste übertragen wird und die durch die Kugeln hindurchläuft… Das Kind geht nach wie vor von einer geringfügigen Bewegung der Kugeln zwischen den beiden äußeren aus, und erst mit elf Jahren schließlich ist das Kind nicht mehr auf die Vorstellung angewiesen, daß sich jede Kugel bewegt, um die folgende anzustoßen. Der Stoß der ersten durchläuft das Ganze und überträgt sich auf die letzte. Damit sind wir bei der logischen Transitivität: Wenn A = B und B = C, dann ist A = C. Auf das Objekt angewandt, ermöglicht sie es, Invarianten wie bei den mathematischen Operationen zu finden. Hier ist es die Erhaltung der Bewegung. Und diese Operationen, die beim Subjekt mit ungefähr elf oder zwölf Jahren zur Struktur werden, nenne ich formal. Sie beziehen sich nicht direkt auf die Objekte, sondern auf das Mögliche, und auf Hypothesen.

J.-Cl. B.: Formal im Gegensatz zu konkret?

J. P.: Ja, das Kind muß sich nicht mehr vorstellen, das sich die mittleren Kugeln bewegen. Eine Kraft kann es auch dann geben, wenn man sie nicht sieht. Nun, das ist ein Beispiel für Untersuchungen zur Kausalität, aber im Augenblick sind wir bei Nr. 93 und haben noch nichts publiziert… Jeder meiner Mitarbeiter hat eine dieser Untersuchungen durchgeführt, mit Studenten, zu deren Ausbildung solche Arbeiten ja auch dienen.

J.-Cl. B.: Aber Sie haben nichts zur früheren Arbeit zur Kausalität gesagt, zu der vor vierzig Jahren.

J. P.: Ach ja. Das war ganz schlecht! Ich war noch zu jung.

J.-Cl. B.: Schlecht inwiefern?

J. P.: Es gibt zwei oder drei nette Ergebnisse, die Erklärung der Mechanik des Fahrrades oder solche Dinge, aber uns sind eine ganze Menge Probleme entgangen. Sogar die Übertragung. Und dann vor allem das Problem der Vektoren, der Richtungen. Wie richten sich Kräfte aus? Zum Beispiel ein Experiment, dessen Ergebnisse ich eben ausformuliert habe: Man gibt einem Kind ein U-förmiges Rohr, das mit Wasser gefüllt ist, und läßt in eines der Enden einen letzten Tropfen Wasser fallen. Anschließend drückt man einen Kolben in die Öffnung und fragt das Kind, wie sich der Tropfen verhalten wird. Für die Kinder gibt es keinen Zweifel: Der Tropfen schlüpft durch das Rohr und springt auf der anderen Seite heraus. Es dauert sehr lange, bis sie begreifen, daß der Tropfen vom Kolben nur ein kleines Stück weitergedrückt wird, weil er in seine Umgebung eingebettet ist, daß eine Schicht Wasser auf die nächste drückt und so weiter. Auf der Stufe, auf der sie glauben, daß der Tropfen das Ganze durchquert, haben sie noch keine Vorstellung von einer Ausrichtung der Kräfte, sie stellen sich eine Flüssigkeit aus Elementen vor, die sich in alle Richtungen frei bewegen, überallhin strömen, einander überholen können usw. Das ganze Problem des Vektorraumes, das uns gewaltig zu schaffen gemacht hat...

J.-Cl. B.: Kommt es oft vor, daß Sie sich wieder mit altem Stoff befassen müssen?

J. P.: Allerdings... und wie! Wir verbringen unsere Zeit damit, wieder alten Stoff zu wälzen. Das hört nie auf, nicht wahr? Es ist absolut erstaunlich, daß wir gegenwärtig vierhundert Studenten und sechzig bis achtzig Mitarbeiter haben und trotzdem für alle genug Arbeit da ist. Und dabei geht es immer um Probleme der Entwicklung von Strukturen der Intelligenz. Jede Lösung wirft neue Probleme auf und eröffnet neue Perspektiven.

J.-Cl. B.: Was kommt zum Beispiel nach der Kausalität?

J. P.: Oh, es gibt da eine Lücke in der Theorie, bei den Prozessen der Äquilibration herrscht noch keine rechte Klarheit.

J.-Cl. B.: ...?

J. P.: Ich denke, neben den Entwicklungsfaktoren, die durch die Erbanlagen oder die Reifung des Nervensystems bestimmt sind, spielen die äußere physische Erfahrung, das soziale Milieu, die Sprache usw. – die Äquilibration, von der wir gesprochen haben – eine fundamentale Rolle: die Tatsache, daß das Subjekt versucht, in seine Gedanken möglichst viel Kohärenz zu bringen, Widersprüche aufzuheben. So gesehen bildet die Äquilibration bei der Entwicklung einen wesentlichen Faktor, aber man muß sich mit ihr aus dieser Sicht noch einmal befassen. Das ist noch nicht richtig ausgearbeitet. Nun, ich denke, damit werden wir uns im Anschluß an die Kausalität befassen...[2]

J.-Cl. B.: Ich weiß nicht mehr wo, aber Sie sprechen doch davon, daß ein Gelehrter an einer Theorie zu zweifeln beginnt, wenn sie auf alle Fälle zu leicht anwendbar ist. War das ein Scherz?

J. P.: Nein. Bei einer Theorie, die zu leicht anwendbar ist, muß man befürchten, daß sie zu allgemein ist und folglich nicht viel erklärt.

J.-Cl. B.: Weil sie die Fakten nicht richtig erfaßt?

J. P.: Genau das. Wenn es bei den Fakten keine Widerstände gibt, kann man sich seiner Theorie nicht sicher sein.

J.-Cl. B.: Also sind Widersprüche bei den Fakten für Sie im Grunde beruhigend?

J. P.: Nicht die Widersprüche, sondern die Schwierigkeiten, die Fakten in die Theorie einzugliedern.

J.-Cl. B.: Ich denke noch über diese Arbeit zur Kausalität und über Ihre Ausgangshypothese nach. Sie sagen, die Operationen dienen dem Subjekt zur Erklärung der Welt der Erscheinungen, während sie den Objekten selbst zugeschrieben werden.

J. P.: Genau. Bei ihren Aktionen, ihren Interaktionen und ihren Wechselwirkungen.

2 Die Schrift *L'équilibration des structures cognitives* erschien 1974 beim Verlag P.U.F., die deutsche Übersetzung *Die Äquilibration der kognitiven Strukturen* 1976 beim Ernst Klett Verlag.

J.-Cl. B.: Eines würde ich gerne wissen, aber vielleicht ist es zu trivial oder zu einfach: Ist es eigentlich wahr? Ich meine, besitzen die Objekte die Eigenschaften, die ihnen zugesprochen werden, denn auch tatsächlich?

J. P.: Das Objekt ist ein Grenzwert im mathematischen Sinn. Man nähert sich der Objektivität ständig an, ohne das Objekt selbst je zu erreichen. Das Objekt, das man zu erreichen glaubt, ist stets das von der Intelligenz des Subjektes repräsentierte und interpretierte Objekt.

J.-Cl. B.: Ist das Idealismus?

J. P.: Nein, denn das Objekt existiert ja. Es existiert, aber man entdeckt seine Eigenschaften nur durch eine sukzessive Annäherung. Das ist das Gegenteil von Idealismus. Man kommt unablässig weiter an es heran, aber man erreicht es nie, weil man dazu wohl eine Unendlichkeit von Eigenschaften entdecken müßte, von denen eine große Anzahl verborgen bleibt.

Das hat so wenig mit Idealismus zu tun, daß ich Ihnen dazu eine kleine Geschichte erzähle. Wir haben einmal eine Mathematikerin, eine Spezialistin in mathematischer Erkenntnistheorie aus Ostberlin, eingeladen. Sie hat mir erklärt, um nach Genf kommen zu können und ein Visum zu erhalten, habe sie nachweisen müssen, daß sie von einem Materialisten eingeladen worden sei. Ich habe sie daraufhin gefragt: »Na, sehr schön, und wer ist dieser Materialist, den Sie in Genf gefunden haben?« Sie antwortete: »Na Sie!« Ich war etwas überrascht.

J.-Cl. B.: Sie sehen selbst, Sie waren etwas überrascht.

J. P.: Einen Augenblick. Ich habe gesagt: »Ich, Materialist?« »Aber natürlich, Sie glauben doch wie ich, daß das Objekt existiert, und Sie glauben wie ich, daß man es niemals erreicht, weil es nur ein mathematischer Grenzwert ist.« Ich habe ihr geantwortet: »Ja, wenn das Materialismus ist, meinetwegen.«

J.-Cl. B.: Aber Sie waren doch überrascht.

J. P.: Über was?

J.-Cl. B.: Daß sie Sie als Materialisten bezeichnet hat.

J. P.: Wenn man ohne eine nähere Erläuterung von Materialismus redet, dann sieht das nach einem naiven Materialismus aus, nach einem, für den Erkenntnis nur eine Kopie der Realität ist. Aber für diese Frau wie für mich ist sie alles andere als das, sie ist eine Rekonstitution der Realität durch die Konzepte des Subjektes, die sich durch dauernde Bemühungen und alle Arten von experimentellen Untersuchungen dem Objekt annähern, ohne es je zu erreichen.

J.-Cl. B.: Sich ihm unendlich annähern.

J. P.: Unendlich, einem Grenzwert…

J.-Cl. B.: Im Grunde antworten Sie doch auf die alte Frage, ob die Mathematik zum Beispiel Teil der Natur oder Teil des menschlichen Verstandes ist.

J. P.: Ihre Alternative überrascht mich sehr, denn für mich als Biologen ist der Verstand ein wesentlicher Teil der Natur. Ich würde die Frage anders stellen: Gehört die Mathematik zur Natur, die den menschlichen Verstand einschließt, oder steht sie außerhalb der Natur? Letzteres ist Platonismus. In dem Falle ist die Mathematik die Gesamtheit der Möglichkeiten und des Realen, einschließlich des menschlichen Verstandes, der verglichen mit den unendlichen Möglichkeiten ein winzig kleiner, unendlich reduzierter Sektor ist. Aber für mich gehört die Mathematik zur Natur, und die Natur schließt den menschlichen Verstand mit ein, der die Mathematik mit Hilfe eines Organismus, eines Nervensystems und des gesamten umgebenden Organismus durcharbeitet. Dieser Organismus ist ebenfalls Teil der physischen Natur, so daß die Mathematik und die Realität ihre Übereinstimmung im Organismus und nicht in der physischen Erfahrung der dinglichen Welt finden.

J.-Cl. B.: Dann sind wir von Anfang an in einem Zusammenhang gefangen.

J. P.: Das kann man sagen. Der menschliche Verstand ist ein Produkt der biologischen Organisation, ein raffiniertes und überlegenes Produkt natürlich, aber ein Produkt wie andere.

Der Meister im Kreis seiner Mitarbeiter

Drei Gespräche in Zentrum
für genetische Erkenntnistheorie
Howard Gruber, Rafel Carreras, Guy Cellerier

Als Professor und Leiter einer Forschungseinrichtung hat Piaget im Zentrum für genetische Erkenntnistheorie, wo er seine Seminare veranstaltet, eine Arbeitsgruppe aus Assistenten, Studenten und Wissenschaftlern gebildet. Sie wirken an seinen Projekten mit und verfolgen darüber hinaus eigene Forschungen. Die Atmosphäre in der Gruppe, der Arbeitsstil bei den Forschungen und die Originalität der Vorgehensweise sind unserer Meinung nach so interessant, daß es sich lohnt, einige Gespräche mit den begeisterten Teilnehmern wiederzugeben. Auch das ist ein Aspekt von Piagets Werk.

Er wirkt heiter und jung und hat hellblondes Haar. Er trägt ein Hemd
im Hippie-Stil und am Hals eine Indiokette. Er spricht Französisch mit
starkem Akzent und Fehlern.

Jean-Claude Bringuier: Howard Gruber, darf ich Sie bitten, sich vorzustellen.
Howard Gruber: Ich bin Professor an der Rutgers University. Das
ist die Universität des Staates New Jersey direkt bei New York. Ich
unterrichte dort Psychologie und bin in der Forschung tätig.
J.-Cl. B.: Forschen Sie in experimenteller Psychologie?
H. G.: Ja, experimentell; und ich führe eine Studie zum kreativen
Denken durch. Es handelt sich um eine wissenschaftsgeschichtli-
che Untersuchung, die sich auch mit dem Leben einiger bedeutender Gelehrter, insbesondere Charles Darwin, befaßt.[1] Das gleiche
bereite ich für Jean Piaget vor.
J.-Cl. B.: Ist ihr Interesse an Piaget im Zusammenhang mit dieser
Beschäftigung entstanden?
H. G.: Ja. Wenn man das kreative Denken als eine Entwicklung
betrachtet, die viel Zeit beansprucht und bei der Neues konstruiert
wird, dann ähnelt das stark dem Prozeß, mit dem das Kind seine
Welt, seine Gedanken, seine Vorstellungen aufbaut. Denn ein

---

1 Erschienen unter dem Titel: »Darwin on men. A psychological study of scientifical
   creativity«, New York 1974.

Kind lernt nicht einfach das, was Erwachsene ihm sagen, es erfindet Dinge nach. Das ist eine Art Kreativität. Und als Psychologe hat Piaget zur Entwicklung einer Theorie der Kreativität weltweit den bedeutendsten Beitrag geleistet.

J.-Cl. B.: Und andererseits ist er selbst ein kreativer Geist.

H. G.: Natürlich.

J.-Cl. B.: Ich meine, er ist für Sie in doppelter Hinsicht interessant.

H. G.: Genau. Folglich führe ich mit ihm Gespräche, blättere im Piaget-Archiv, rede mit seinem Team und bin in gewisser Hinsicht Mitglied des Teams, hoffe ich…

J.-Cl. B.: Mit dem Team haben Sie im übrigen auch an dieser Arbeit zur physikalischen Kausalität teilgenommen, die mehrere Jahre in Anspruch genommen hat und mit der er sich bereits vor sehr langer Zeit befaßt hatte. Das scheint für ihn charakteristisch, daß er auf etwas zurückkommt…

H. G.: Charakteristisch ist, daß er für alles immer nach einer Synthese sucht. Aber diese Synthese weitet sich aus, wird umfassender. Folglich muß er Dinge, mit denen er sich befaßt hat, überarbeiten. Er kommt also von Zeit zu Zeit auf frühere Fragen zurück. Die Kausalität ist dafür ein gutes Beispiel. Das ist für ihn und für alle sehr nützlich, so glaube ich, denn den meisten Psychologen fehlt, sagen wir, die Geduld, die Aufrichtigkeit, um sich in ein Problem erneut zu vertiefen.

J.-Cl. B.: Und vielleicht auch der Mut. Den braucht man, um seine Meinung zu ändern.

H. G.: Ja, und vor allem muß man auch ein wenig über den Prozeß nachdenken, bei dem man das, was man erstellt hat, wieder aufgibt. Man arbeitet etwas aus und veröffentlicht Ergebnisse. Wenn es wirklich Neuheiten sind, ruft das überall Kritiker auf den Plan. Und die sind mit Recht kritisch. Andererseits gibt es ein gewisses Bedürfnis nach Anerkennung, und Piaget ist auch nur ein Mensch mit dem gleichen Bedürfnis. Und manche Kritiker haben ja auch recht: Es bedarf schon eines gewissen Mutes, sie anzuhören und nicht gleich abzulehnen, was sie sagen. Und

wenn man sich dann später seine frühere Arbeit noch einmal vornimmt und Gedanken aufgibt, die richtig waren, jetzt aber veral-
tet sind, dann ist das nicht leicht... Und außerdem geht es ja
nicht nur darum, alte Gedanken aufzugeben und durch neue zu
ersetzen: Man fängt ja wieder von vorn an... Um Neues zu konstruieren, darf man in der Tat das, was man bereits erarbeitet hat,
weder ganz aufgeben noch zu sehr an ihm hängen. Man muß es
als etwas nehmen, das man neu wieder aufbauen kann. Ich glaube, eine der wichtigsten Strategien bedeutender kreativer Köpfe
besteht darin, daß sie mehrere Eisen gleichzeitig im Feuer haben.
Ich meine, über Jahre hinweg.

J.-Cl. B.: Mehrere parallel laufende Arbeiten.

H. G.: Ja, genau. Aber sie müssen nicht unbedingt miteinander zu-
sammenhängen.

J.-Cl. B.: Und trotzdem nahe beieinander liegen.

H. G.: Das schon, aber sie haben ihre Eigenheiten, jede entwickelt
sich in ihre Richtung, und von Zeit zu Zeit versucht man eine Synthese zu bilden. Und plötzlich sieht man zwischen zwei Dingen
eine Verbindung. Das ist die wahre Konstruktion. Aber mehrere
Unternehmen gleichzeitig durchführen bedeutet harte Arbeit.
Denn jedes muß richtig angepackt und zielstrebig verfolgt werden,
wenn tragfähige Ergebnisse herauskommen sollen. Die Arbeit ist
dabei kein individueller Prozeß. Sie wird im Team erledigt. Team-
arbeit ist für Piaget charakteristisch. Er ist zwar der Leiter, der »Patron«, und eines seiner glänzenden Talente besteht darin, die Arbeit von anderen zu organisieren, aber er geht dabei andererseits
sehr demokratisch vor. Er hört seine Mitarbeiter, seine Kollegen
an, nimmt Vorschläge auf und läßt auch Kritik zu, sogar heftige.

J.-Cl. B.: Er ist offen.

H. G.: Ja, offen. Es ist ein Charakter, der gut zuhören kann. Man
muß sich vor Augen halten, daß er mit Kindern nur deshalb so gut
umgehen konnte, weil er für das, was sie sagen, großen Respekt
hat. Alle anderen hören den Kindern zu, weil sie drollig sind...

J.-Cl. B.: Ja, weil sie entzückend sind und amüsant.

H. G.: Sie amüsieren einen. Piaget dagegen respektiert Kinder. Er will das Kind in seiner Welt richtig verstehen.

J.-Cl. B.: Das Kind als eine Persönlichkeit.

H. G.: Als Persönlichkeit, genau. Man muß es verstehen. Und dazu muß man es respektieren. Und Piaget respektiert es sehr.

J.-Cl. B.: Es ist eine Form von Höflichkeit…

H. G.: Es ist mehr als das! Auch ein Kind hat eine Wegstrecke hinter sich bringen, sich geistig entwickeln müssen wie der große Gelehrte und jeder andere Mensch. Die Konstruktion selbst eines alltäglichen Begriffs hat Anstrengung gekostet und der Erfolg Spaß gemacht. Für ein Kind ist es das gleiche Gefühl wie für einen großen Gelehrten, eine erfrischende und freudige Entdeckung, wenn man etwas zum erstenmal herausfindet… In dem Sinne gibt es keine Banalität, und es kann sehr viel Spaß machen, seine Zeit mit Kindern zu verbringen, weil sie sind, wie sie sind.

J.-Cl. B.: Ich möchte auf das zurückkommen, was Sie zum Thema parallele Vorhaben und zu den Verbindungen gesagt haben, die man zwischen ihnen entdeckt. Entspricht das letztlich nicht einer Forschung nach Ganzheit?

H. G.: Ja, Ganzheit oder Harmonie. Bei Wissenschaft denkt man an eine Bestandsaufnahme dessen, was es in der Welt gibt. Aber das stimmt so nicht ganz. Die Wissenschaft ist eine Konstruktion der Welt durch den Geist des Menschen. Und die Konstruktion, nach der gesucht wird, ist schön, einfach und harmonisch. Unter Wissenschaftlern hört man den Ausdruck »Schönheit«. Man hält einen Gedanken, eine Theorie, nicht nur für neu, sondern auch für »schön«. In diesem Sinne hat die Wissenschaft mit der Kunst sehr viel gemein. Picasso hat gesagt, ein Bild sei eine Summe von Zerstörungen, man male etwas, vernichte es, male, vernichte und male. Wenn man aufhört, dann nicht deshalb, weil man fertig ist – die Arbeit ist nie abgeschlossen –, sondern weil man im Augenblick das Beste aus sich herausgeholt hat, und Jahre später nimmt man sich dasselbe Bild vielleicht erneut vor und malt weiter. Und man vernichtet und malt neu… Und trotzdem liebt man diese Beschäftigung. Dieses Tun hat etwas Schönes. Und Piaget hat für das, was er gemacht hat, von der Welt Applaus geerntet. Trotzdem muß er es vernichten und es erneut schaffen. Und dazu braucht man eine Vorstellung vom Werk. Man muß in den Spiegel schauen, und auch das braucht Mut: eine Vorstellung von sich selbst haben, ziemlich klar und ziemlich vollständig… Verstehen Sie, was ich meine?

Ich erinnere mich an einen Junimorgen in dem Raum, in dem das Symposium stattfindet. Draußen glitzerte der See im Sonnenlicht. Forscher aus allen Ländern und aller Disziplinen hatten sich um Jean Piaget versammelt, um an der alljährlichen einwöchigen Tagung teilzunehmen, die zum Ritual geworden ist. Unter den Teilnehmern waren zwei lebhafte, fröhliche und jugendlich wirkende junge Männer.

Wir trafen uns nach der Sitzung im »Café du bas«, das an die Faculté des Sciences angeschlossen ist. Guy Cellerier ist später Kodirektor des Zentrums für genetische Erkenntnistheorie geworden. Rafel Carreras bringt Kindern und Interessierten das schwierige Fach Physik nahe…

J.-Cl. Bringuier: Würden Sie beide mir bitte schildern, was Sie zu Jean Piaget geführt hat.

Rafel Carreras: Was mich betrifft, so habe ich mehr oder weniger zufällig hergefunden. Ich habe an der Eidgenössischen Technischen Hochschule in Zürich Physik studiert und einen ergänzenden Abschluß in Biologie angestrebt, zu der damals auch Psychologie gehörte. Ich glaube, das ist heute auch noch der Fall. Jedenfalls habe ich Prof. Piagets Seminar für Psychologie besucht und im übrigen überhaupt nichts verstanden. Ich hatte das Gefühl, ich hätte mich in eine fremde Welt verirrt, von der ich nichts begriff. Schließlich ging ich nicht mehr zu den Seminarsitzungen, weil ich es für Zeitverschwendung hielt. Aber für die Prüfungen mußte ich natürlich trotzdem Piaget pauken. Einige Tage vor den Prüfungen war ich von diesem Werk dann restlos begeistert. Ich stellte im Schriftlichen Spekulationen zur Intelligenz von Marsbewohnern an, stellte mir vor, wie deren Intelligenz aussehen könnte. Ich war überzeugt, daß ich durchgefallen sei, aber er hat mir eine hervorragende Note gegeben, sogar die beste. Dann habe ich mich bei ihm gemeldet und großes Interesse an seinem Werk bekundet. Er hat mir gesagt: »Kommen Sie doch montags.« Also kam ich montags, das war vor fast sechs Jahren, und langsam wurde mir klar, daß sich am Montag das Zentrum für genetische Erkenntnistheorie versammelt, dem ich seither angehöre.

J.-Cl. B.: Und Sie, Guy Cellerier, kommen Sie auch montags?

Guy Cellerier: Ja, das tue ich. Allerdings habe ich dazu einen noch viel größeren Umweg hinter mich gebracht als Rafel Carreras, denn ich schrieb an einer Dissertation über die Grundlagen des Völkerrechtes, was man durchaus als erkenntnistheoretisches Problem betrachten kann. Und so habe ich es auch gesehen. Ich las zudem Kelsen, den großen Rechtsphilosophen dieses Jahrhunderts, und der hat Piaget zitiert. In seiner Biographie war…

J.-Cl. B.: Und Sie wußten nicht, wer das war?

G. C.: Nein, ich wußte es nicht. Das heißt, der Name sagte mir schon etwas. Und deshalb wollte ich bei ihm hören. Ich habe bei ihm einen Abschluß in Biologie gemacht und dann eine Doktorarbeit in Psychologie geschrieben.

J.-Cl. B.: Und was treiben Sie jetzt?

G. C.: Nun, ich beschäftige mich mit Kybernetik… Ich habe ein Jahr lang in den USA die Theorie der Automaten studiert. Im Grunde versuche ich, Piaget auf Computersimulationen zu übertragen, auf etwas, das auf einer Maschine programmierbar ist. Ich knüpfe da an bahnbrechende Gedanken an, die er seit 1920 entwickelt hat, und zwar als Biologe.

J.-Cl. B.: Das müssen Sie mir erklären.

G. C.: Piaget ist sehr früh schon, gegen 1920, auf Gedanken gekommen, die im Grunde die Kybernetik vorwegnehmen. Er hat sich mit dem Organismus, mit dem Menschen, der in seiner Umwelt ein Verhalten zeigt, befaßt und Intelligenz als die Fähigkeit zur Anpassung definiert, als die Gesamtheit der Systeme, die diese Anpassung ermöglichen. Und genau das tut heute die Kybernetik: Wie Sie wissen, taucht in der Biologie das Problem eines Bauplanes auf, die Frage, wie sich der Organismus entwickelt. Bei der Embryonalentwicklung ist der Organismus nicht schon vollständig vorhanden. Es gibt keine Art winziges Tier, bei dem alle Funktionen und Organe schon voll ausgebildet sind und das nur noch wachsen muß. Dafür gibt es einen Bauplan wie bei der Montage eines Autos in einer Fabrik.

G. C.: Im Fötus?

G. C.: Ganz genau. Es gibt so eine Art Plan für die Montage einer Maschine. Auf der einen Seite entsteht der Motor... Nein, das Beispiel hinkt. Aber trotzdem wird ein Bauplan realisiert, und das ist das Wichtige. Diese Realisierung geschieht Schritt um Schritt, und die entstehenden Strukturen oder Teile, die entstehenden Organe stehen und entstehen in einer Wechselwirkung zueinander.

J.-Cl. B.: Und der Bauplan ist der genetische Code?

G. C.: Richtig. Er besteht im genetischen Programm. Und für Piaget, so sehe ich es jedenfalls, ist die genetisch gesteuerte Embryonalentwicklung ein Modell für die Entwicklung der geistigen Fähigkeiten.

J.-Cl. B.: Aber was hat das mit Kybernetik zu tun? Das war doch Ihr Ausgangspunkt...

G. C.: Nun, die Kybernetiker heute nehmen das Problem genau auf die gleiche Weise in Angriff! In beiden Fällen geht es um einen Informationsfluß. Die moderne Beschreibung der Keimesentwicklung ist im Grunde die Beschreibung eines Automaten. Auf genau die gleiche Weise läuft ein Computerprogramm ab. Es geht um den Ablauf eines Programms. In diesem Sinne wird die Keimesentwicklung, das Leben, als eine Maschine mit innerem Informationsaustausch betrachtet, eine Maschine im Gegensatz zu denen, in denen Energie fließt und mit denen sich die Physik befaßt. Und die Fachleute, die sich mit Künstlicher Intelligenz beschäftigen, betrachten das denkende Subjekt als eine Maschine mit innerem Informationsaustausch, sie sehen das Denken als ein Manipulieren von Symbolen nach bestimmten Regeln. In beiden Fällen geht es um Maschinen mit Informationsfluß, und in beiden Fällen soll aufgedeckt werden, nach welchen Regeln sich dieser Informationsfluß, den wir aufrechterhalten können, vollzieht.

J.-Cl. B.: Inwiefern sind diese Regeln denn überhaupt miteinander vergleichbar?

G. C.: Ich will nicht behaupten, daß diese Regeln vollkommen miteinander vergleichbar sind. Hier bin ich anderer Auffassung als

Piaget. Ich meine, die Maschine, die nach einem Programm agiert, ist unendlich viel dümmer als das menschliche Gehirn, das heißt das genetische System.

J.-Cl. B.: Das Individuum?

G. C.: Nein, die Gruppe, der Genpool! Das Individuum der Evolution, das ist die biologische Art, die Gesamtheit aller kombinierbaren Gene… und das genetische Programm ist das Resultat der Rechenoperationen dieses gewaltigen Systems. Wenn es nach mir ginge, müßte Piaget den Begriff der Epigenese, also der Entwicklung des Embryos, durchweg durch den des genetischen Systems ersetzen, das wäre sehr gut!

J.-Cl. B.: Das müssen Sie ihm sagen…

G. C.: Das habe ich getan. Um ihm das zu sagen, habe ich sogar eine Dissertation geschrieben… Wir haben uns schließlich darauf geeinigt, daß wir uns nicht einig sind. Das ändert freilich nichts daran, daß zwei so unterschiedliche Dinge wie das genetische System und das menschliche Denken etwas gemein haben, und 1920 auf diesen Gedanken zu kommen, das war genial. Das bleibt revolutionär.

R. C.: Das genetische System verhält sich ja im Grunde wie ein problemlösender Mechanismus. Die Art ist beispielsweise einem veränderlichen Milieu ausgesetzt, und das Problem der Anpassung wird durch das genetische System gelöst. Insofern gibt es zwischen Piaget und diesem Ansatz eine wunderbare Kontinuität, denn Piaget hat die menschliche Intelligenz als ein System definiert, das sich an ein veränderliches Milieu anpaßt.

G. C.: Es geht jetzt darum, diesen biologischen und in gewissem Sinne rein intuitiven Ansatz in formale Systeme zu überführen, die für diejenigen annehmbar sind, die sich mit Künstlicher Intelligenz befassen. Deshalb ist Piaget in den Vereinigten Staaten auch supermodern, weil die Ingenieure entdeckt haben, daß er sich mit diesen Fragen schon vierzig Jahre vor ihnen befaßt hat.

J.-Cl. B.: Beim Kind?

G. C.: Ja. Bei einem natürlichen System, das im Verlauf seiner Entwicklung eine Programmierung erfährt.

J.-Cl. B.: Und Sie, Rafel Carreras, womit beschäftigen Sie sich im Zentrum?

R. C.: Nun, als Physiker besteht meine hauptsächliche Aufgabe darin, einige physikalische Probleme mit Bezug zur Erkenntnistheorie zu erklären, nach Ideen für Experimente zu suchen und Erklärungen zu liefern, wenn auch zuweilen skurrile, um anderen die Suche nach Ideen zu erleichtern.

J.-Cl. B.: Wen meinen Sie mit den anderen?

R. C.: Ich spreche von den Leuten, die an den Montagssitzungen teilnehmen, oder von Gästen aus allen möglichen Fachgebieten. Cellerier hat von Kybernetik gesprochen, aber es gibt auch Ökologen, Biologen, Logiker oder Physiker. Man könnte sagen, Wissenschaftler für alles mögliche, denn einige sind auf ein Gebiet im Grenzbereich zu zwei oder drei anderen Disziplinen spezialisiert.

J.-Cl. B.: Also Leute, die verschiedenen Gebieten gegenüber offen sind.

R. C.: Offene Leute, ja. Ohne Offenheit ist man, sagen wir, völlig orientierungslos. Das sind am Anfang alle, und bei Piaget gibt es eine Art Krise – wir haben das beide auf unterschiedliche Weise geschildert –, und für berühmte Persönlichkeiten ist es wohl noch härter, sich damit abzufinden, daß sie eine Zeitlang nichts mehr verstehen. Man muß sich eine gewisse Flexibilität aneignen, ganz andere Standpunkte verstehen lernen, und das vor allem in verschiedenen Sprachen. Die Terminologie, die Bedeutung der Worte ist unterschiedlich. Zum Beispiel »Kausalität«. Für einen Biologen, einen Physiker und einen Logiker verbergen sich dahinter völlig andere Dinge.

G. C.: Konzepte, die in ganz verschiedene Kategorien gehören. Man muß versuchen, seine Geisteshaltungen flexibler zu gestalten.

R. C.: Jeder versucht zu verstehen, was der andere mit manchmal den gleichen Worten meint, und gerade das…

G. C.: Und doch gibt es etwas, das einen Wildwuchs in der Diskussion verhindert: Es gibt ein Kernthema. Dieses Jahr geht es um

118

Kausalität. Man sammelt die Ansichten der Leute zu diesem Thema.

J.-Cl. B.: Jeder spricht über Kausalität aus der Sicht seines Fachgebietes?

G. C.: Genau.

J.-Cl. B.: Der Physiker spricht über Kausalität in der Physik, der Biologe auf andere Art und der…

R. C.: Aber am interessantesten ist wohl, daß der Physiker dem Biologen zuhört und dabei auf Gedanken kommt, die er zuvor vielleicht nicht hatte. In so einem Fall unterbricht er den Biologen plötzlich und sagt etwas, daß in Dreiviertel der Fälle völlig fehl am Platz und abwegig ist. Aber in einem Viertel der Fälle wird eine Brücke geschlagen, und in die Sache kommt Licht. Dann sagt der Biologe: »Halt, eigentlich habe ich an diese Möglichkeit noch gar nicht gedacht.« Und im gleichen Augenblick sagt der Wissenschaftsgeschichtler: »Aber was Sie da eben sagen, das hat XY doch schon vor Jahrhunderten versucht. Ein Descartes, Aristoteles oder Archimedes hat diesen Weg doch schon einmal eingeschlagen.« Und Piaget, der sein Team mehr im verborgenen führt, alle aber trotzdem etwas unter der Fuchtel hat, meldet sich in so einem Augenblick zu Wort: »Hören Sie, Herr Sowieso, in zwei Wochen könnten Sie uns doch zu diesem XY ein Exposé vorlegen.« Und alle sind sichtlich froh, daß sie an der Sitzung teilnehmen.

G. C.: Man kann im großen und ganzen sagen, daß er zwar nicht all diese Disziplinen beherrscht, weil das menschlich nicht möglich ist…

R. C.: Aber vielleicht kann er sich andererseits gerade deshalb, weil er sich um die fachlichen Einzelheiten nicht allzusehr kümmert, auf den großen Überblick, den erkenntnistheoretischen Aspekt konzentrieren. Er entfernt die äußere Haut des rein Fachlichen – ich weiß nicht, wie ich auf Französisch sagen soll – und stößt zu den Kernfragen durch.

G. C.: Er kommt auf die Kernprobleme zurück, und das sind für ihn die Fragen von Erkenntnis und Wissenserwerb. Wenn sich die

Diskussion in Detailfragen verliert, dann schält Piaget die vier oder fünf wesentlichen Gedanken heraus und bringt das Gespräch wieder auf den richtigen Weg.

R. C.: Er hat sich bei allen Gebieten, mit denen er sich bislang befaßt hat, von Anfang an auf bestimmte grundlegende Aspekte konzentriert. Dazu hat ein spezialisierter Wissenschaftler wohl nicht so oft Gelegenheit.

G. C.: Er interessiert sich nach wie vor für die psychologische Seite des Subjektes, während für so manchen Mathematiker das Subjekt, das sich mit Mathematik befaßt, im Grunde schon selbst zu einem mathematischen, einem abstrakten Sein geworden ist. Trotz seiner formalen Ausdrücke befaßt er sich nach wie vor mit dem natürlichen Denken. Er sieht hinter allem noch immer das Subjekt, den Physiker hinter der Physik und den Mathematiker hinter der Mathematik. Und das ist das verbindende Element, das eine Verständigung, den Sprung von einer Wissenschaft zur anderen ermöglicht.

R. C.: Die Biologie oder das Studium eines bestimmten Tieres ist natürlich etwas völlig anderes, als wenn man sich mit dem Magnetfeld befaßt. Aber das Gehirn, das sich mit dem Tier auseinandersetzt, das Denken, das um dieses Tier kreist, und das Denken, das sich mit dem Magnetfeld befaßt, haben die gleiche Grundlage. Und man kann bis zu den ersten Lebensjahren, dem Selbsterhaltungstrieb, den Faktoren der Klassifikation, den Operationen zurückgehen… Es sind genau die gleichen Grundlagen. In Sitzungen, in denen ich versucht habe, die moderne Physik allgemeinverständlich darzustellen, habe ich mir zuweilen einen Spaß daraus gemacht, aufzuzeigen, wie sehr die Vorgehensweisen der Physik letztlich denen der Kinder ähneln. Man kann das Verhalten eines Kindes mit vier, fünf oder sechs Jahren mit Worten beschreiben, die oft genau das Gleiche umreißen, was zeitgenössische Physiker treiben. Es sind die gleichen Worte. Sie versuchen, Ordnung in ein Chaos zu bringen, und ihre Operationen, ihre Klassifikationen sind denen der Kinder auf eine, ich sage nicht demütigende, aber schockierende Art ähnlich. Man muß eben einfach sehen, daß die Grundmechanismen die gleichen sind… Niemand vor Piaget hat das so deutlich ins Licht gerückt. Deshalb ist dieser bunt zusammengewürfelte Haufen, den eine Versammlung wie die unsere darstellt, dies auch nur dem Anschein nach. All diesen verschiedenen Leuten ist gemein, daß sie zur Untersuchung der Wissensbildung eine gewisse Anzahl von Experimenten durchgeführt haben und über das Problem miteinander sprechen können, wenn erst einmal richtig klar ist, worüber sie reden.

G. C.: Nehmen Sie einen Gegenstand wie die Kausalität für einen Physiker. Die Physiker beschäftigen sich mit Kausalität, auch wenn sie diesen Begriff als zu »psychologisch« ablehnen. Schließlich sagen sie zum Beispiel: »Immer wenn das eine eintritt…, tritt auch das andere ein.« Die Ursache impliziert in gewissem Sinn die Wirkung. Was kann man tun in einer Situation, die wegen eines Begriffs festgefahren ist? Was kann beispielsweise der Logiker tun? Der Logiker wird sich für diese Beziehung interessieren, sich fragen: Entspricht die Beziehung der Implikation in der Logik in irgendeiner Weise dem, was für den Physiker die Beziehung von Ursache und Wirkung ist? Und der Kybernetiker, um wieder auf die Kybernetik zurückzukommen, wird sich fragen, wozu man die Kausalität als Kategorie überhaupt braucht. In der klassischen Philosophie, bei Kant zum Beispiel, gibt es Kategorien: die Zeit, den Raum und die Kausalität. Wozu dienen sie? Für den Philosophen sind sie existent, aber braucht man Kategorien, wenn man einen Roboter konstruieren möchte, einen sensomotorischen Roboter, der sich fortbewegen, Befehlen gehorchen und Geschirr spülen kann? Sicher ist ein Raum nötig, in dem sich der Roboter bewegen kann, zumindest ein Teil dieser Kategorie. Sicher auch die Zeit, denn er muß seine Handlungen der Reihe nach ausführen. Braucht der Konstrukteur auch die Kausalität? Muß er Dinge wissen wie… Ich denke an dieses berühmte Experiment: Ich hebe einen Gegenstand von einem Kilogramm Gewicht an, und zwar mit dem »normalen« Kraftaufwand für diese Bewegung. Dann hebe ich einen

scheinbar identischen Gegenstand an, der aber nur einige Gramm
wiegt: Meine Hand schnellt weit nach oben…

J.-Cl. B.: Weil Sie überrascht sind?

G. C.: Weil ich zu den Eigenschaften des Materials, den kausalen
und nicht nur den geometrischen Eigenschaften, keine Informationen hatte. Man braucht auch nur an die Experimente des M. I. T.
mit Manipulatoren zu denken.

J.-Cl. B.: Sie meinen ein Auge und eine Hand?

G. C.: Ja, eine gegliederte Hand und eine TV-Kamera, die an einen
Rechner angeschlossen sind. Man beobachtet oft die Schwierig-
keit, daß der Apparat nach einem Glas greift und sich so verhält, als
habe er es mit einem Stück Stahl zu tun. Das Glas zerspringt. Piaget hat gezeigt, daß diese Kategorien, auf die in der Tat nicht ver-
zichtet werden kann, erst einmal aufgebaut werden müssen. Sie
sind nicht a priori vorhanden. Das Kind muß im Grunde erst einmal
lernen, daß es den Raum, die Zeit und Kausalität gibt. Sie werden
vom Subjekt aufgebaut.

J.-Cl. B.: Und dieser Prozeß bildet die Stadien.

G. C.: Die viel beschworenen Stadien. Aber gerade dieser Aufbau
einer Kantschen Kategorie hat Piaget fasziniert. Er hat das Postulat
des Philosophen auf den Kopf gestellt: Für Kant sind diese Kategorien als Formen des menschlichen Verstandes vorgegeben. Die
Welt ist durch a priori vorhandene Strukturen erkennbar. Durch
Filter, die der Maschine von Anfang an zu eigen sind… Piaget sagt
das Gegenteil. Einig ist er mit Kant darin, daß die Welt ohne diese
Strukturen nicht erkennbar ist, aber für ihn werden sie gleichzeitig
mit der Auseinandersetzung des Subjektes mit der Wirklichkeit
aufgebaut. Mit anderen Worten, es gibt eine Interaktion zwischen
der äußeren Umwelt und dem, was sich im Inneren des Subjektes
vollzieht. Und in diesem Punkt, so glaube ich, stimmen alle Kybernetiker überein. Diese Strukturen werden folglich aufgebaut und
erhalten den Charakter einer absoluten und logischen Notwendigkeit, den Kant ihnen zuspricht, erst im nachhinein. Das ist ein tief-
gründiger Gedanke Piagets: das Gegenstück zu einem algebrai-

schen System, einem Beispiel für einen abgeschlossenen, vollständigen Zustand, das psychologische Gegenstück der mathematischen Struktur ist das Gefühl der Notwendigkeit, der eigentliche »Widerstand« der Struktur. Und diese Notwendigkeit kommt erst am Ende.

Aber um auf diese Beispiele der Diskussion um ein Wort zurückzukommen, wenn der Physiker oder der Kybernetiker mit dem Begriff der Kausalität umgehen, dann wissen sie mehr oder weniger genau, wovon sie sprechen. Und was genau sie damit meinen, müssen sie dem bunt zusammengewürfelten Haufen, wie Rafel Carreras ihn nennt, erst einmal deutlich machen.

J.-Cl. B.: Heißt verstehen für Sie beide, für Sie alle, sich verständlich zu machen?

R. C.: Unbedingt. Denn wieviel man selbst begriffen hat, erfährt man erst dann, wenn man sich bemüht, es anderen mitzuteilen. Das ist wie bei einer durchgepausten Zeichnung. Dieses Experiment sollte man in seinem Leben wenigstens einmal gemacht haben! In den Ferien vielleicht… Man nimmt eine Fotografie, irgendein Porträt, möglichst gelungen, und legt einen besonders durchsichtigen Bogen Pauspapier darauf. Man greift zu einem gut gespitzten Bleistift, paust die Umrisse durch und freut sich über das gute Gelingen, das gute Aussehen der Zeichnung. Gut sieht sie allerdings nur solange aus, wie die Fotografie noch unter ihr liegt. Wenn man die Pauszeichnung wegnimmt und sie jemandem zeigt, ist das Ergebnis im allgemeinen furchtbar. Man hat zum Beispiel die Nase vergessen, oder die Augen! Bei einem sehr gut durchscheinenden Pauspapier vergißt man, welche Linien bereits nachgezogen sind. Das Ergebnis ist grauenhaft.

Nun, und das gleiche passiert einem, wenn man etwas mitzuteilen versucht. Man hat ein bestimmtes Bild vor Augen, eine Reihe von Ausdrücken oder Erfahrungen und versucht diese mit Worten zu umreißen und weiterzugeben. Das Ergebnis ist oft eine rechte Katastrophe.

J.-Cl. B.: Man übermittelt dem anderen nur eine Pause.

R. C.: Ja, genau. Und dabei glaubt man, man hat ihm die Fotografie übermittelt. Das ist das große Drama bei der allgemeinverständlichen Darstellung von Wissenschaft und bei der Kommunikation zwischen Individuen im allgemeinen. Man vergißt, bestimmte Dinge, die sich als besonders wichtig herausstellen, zu definieren. Und bei Piaget liegt das Problem darin, daß man aus Umrissen, die man selbst im Kopf hat, eine Fotografie rekonstruieren, eine Pause ausfüllen und Lücken schließen muß.

J.-Cl. B.: Was ist mit ihm selbst? Vermittelt er sein eigenes Denken nur als Pause oder als Fotografie?

R. C.: Ohne Böswilligkeit habe ich manchmal den Eindruck, daß er selbst nur Fetzen einer Pause liefert! Aber für ihn ist die Anfertigung von Pausen vielleicht auch besonders schwierig, und vielleicht ist das auch weder seine Aufgabe noch seine Berufung. Wir sind so zahlreich, daß wir uns gegenseitig dabei helfen können, eine Rekonstruktion zu erstellen.

G. C.: Das ist richtig, und ich halte an dieser Stelle den Hinweis für nützlich, daß Piaget in sehr globalen Begriffen denkt. Er... geht aber nicht in die Einzelheiten. Er hat Gedanken zu den zentralen Fragen, die er dann aber nicht für einen unvorbereiteten Gesprächspartner in entsprechend kleine Einheiten aufsplittet.

Ein weiteres Gespräch mit Howard Gruber. Im Verlauf ist Guy Cellerier
zu uns gestoßen.

Jean-Claude Bringuier: Howard Gruber, Sie haben vom gewöhnlichen, vom »einfachen« Menschen gesprochen. Worin unterscheidet sich Piaget von der übrigen arbeitenden Bevölkerung?
Howard Gruber: Sie haben sehr viel miteinander gemein, denn wie ich sagte, muß sich jeder seine Welt schaffen: Das Fundament ist gewissermaßen exakt das gleiche. Das ist eine der tröstlichen Dinge, die ich gelernt habe! Das Gedächtnis funktioniert beim Genie nicht anders als beim Mann von der Straße, aber es ist anders organisiert. Das System hat eine andere Organisation.
Und das Leben ist anders. Das Leben eines kreativen Menschen ist sehr viel anstrengender. Er arbeitet sehr viel mehr.
Piaget arbeitet ständig und immer. Das heißt nicht, daß er keine spielerischen Augenblicke kennt, denn die Arbeit ist für ihn auch eine Art Spiel. Aber er hat ein Ziel. Piagets Ziel ist es, die Logik des menschlichen Geistes, die Logik des Lebens zu rekonstruieren und der Entstehung der Logik des Lebendigen auf die Spur zu kommen. Dieses Ziel verfolgt er seit sehr langer Zeit. Und es bestimmt fast sein gesamtes Tun. Ein gewöhnlicher Mensch hat kein Ziel dieser Art. Er reagiert sehr viel stärker auf äußere Erfordernisse, glaube ich. Auch Piaget reagiert auf die Außenwelt, aber eben im Rahmen seines Zieles.
Es gibt noch etwas anderes. Der gewöhnliche Mensch hat sein soziales Umfeld. Piaget baut dagegen ein Team auf und erreicht so sehr viel mehr als ein einzelner. Er arbeitet mit dem Team eng zusammen. Ähnlich verhält es sich bei anderen kreativen Wissenschaftlern, wenn ihr Team auch nicht vor Ort arbeitet, bauen sie Beziehungen zu anderen Forschern auf, die dann ebenfalls eine Art Team ergeben… Entgegen der landläufigen Meinung ist ein schöpferischer Mensch mit der Welt verbunden, er braucht die anderen zur Kontrolle, und um auf neue Gedanken zu kommen. Ich glaube, er ist weniger einsam als der gewöhnliche Mensch.

J.-Cl. B.: Sie sagten: »Die Arbeit ist eine Art Spiel…«

H. G.: Ja, Piaget bringt in seine Arbeit ein spielerisches Element ein, und das ist dort immer präsent. Wenn man Montag morgens ins Zentrum für Erkenntnistheorie kommt, ist irgendein Mitarbeiter gerade im X…, dem Genfer Spielwarenkaufhaus, gewesen und hat dort für ein Experiment ein Spielzeug gekauft, das er dann allen zeigt… Bei Darwin habe ich das auch entdeckt, nicht auf die gleiche Weise, weil er sich mit Tieren und nicht mit Kindern befaßt hat, aber auch bei ihm schlägt überall, selbst in den ernsthaftesten Dingen, die gleiche spielerische Art durch.

G. C.: Ich denke an das, was Howard Gruber über das Ziel, das grundlegende Vorhaben gesagt hat. Piaget verkörpert eine unwahrscheinlich starke gedankliche Einheit. Wenn man sich die Texte ansieht, die er vor dreizehn, vierzehn Jahren geschrieben hat… Im Roman *Recherche*, den er, glaube ich, vor zwanzig Jahren veröffentlicht hat, tauchen bereits die Assimilation und die Äquilibration auf. Anschließend hat er andere Modelle benutzt, hat gelegentlich bei anderen Anleihen gemacht und neue Theorien integriert, dabei seine ureigene Linie aber stets bewahrt. Wenn man ihm in einem Jahr ein Problem schildert, das einem am Herzen liegt, dann bekundet er zwar höflich Interesse, aber die Sache verläuft im Sande. Dann kann es passieren, daß man ihn im folgenden Jahr erneut auf diese Sache anspricht. Wenn sie dann in Tuchfühlung mit seinem momentanen Interesse steht, hat er plötzlich einen Lösungsansatz parat. Er sieht, was sich auf seinem Weg, in seinem Blickfeld tut.

J.-Cl. B.: (An Howard Gruber) Sie sind Amerikaner. Ist Piaget in Amerika erst spät entdeckt worden?

H. G.: Ja, weil man in Amerika daran gewöhnt ist, in Serie zu produzieren. Und ich glaube, das hat man auf die Psychologie übertragen. Und dieser Gedanke, den ich hervorgehoben habe, daß man, um etwas zu konstruieren, auch etwas zerstören muß, das heißt sich von Investiertem trennen muß, das wird als zu kostspielig, als zu unökonomisch gesehen. Das paßt nicht zum Stil. Man bevorzugt eine Theorie, die man ergänzen kann. Wir Amerikaner ergänzen immer. Es funktioniert… bei Dingen! Darin sehe ich den Fehler, den man bei uns gemacht hat. Es führt zu keiner rentablen Psychologie, zu keiner, die erklären kann, wie das Kind es selbst wird. Er ist… Piaget hat bei uns folglich erst spät Anerkennung gefunden. Aber jetzt wird er viel gelesen und oft zitiert. Ich bin nicht sicher, ob er auch richtig verstanden wird, aber jedenfalls erobert er sich jetzt einen Platz. Ihm werden bei uns Ehrungen zuteil, sogar eine solche Menge! (Geste, Pause.) Das heißt aber noch lange nicht, daß er auch richtig verstanden wird!

G. C.: Ich weiß von der amerikanischen Psychologie vielleicht nicht genug, aber ich glaube, viele Psychologen verstehen ihn in der Tat falsch. Ich glaube, die Theoretiker der Künstlichen Intelligenz verstehen ihn besser. Das ist ein Paradox seines Erfolges in den Vereinigten Staaten: Von Piaget hört man in den Fakultäten der Computer science mehr als in denen der Psychologie.

J.-Cl. B.: Was beispielsweise kommt heraus, wenn man Piaget falsch versteht?

G. C.: Nun, er wird von allen vereinnahmt oder abgelehnt. Im Symposium habe Piaget zum Beispiel von diesem Psychologen, ich weiß nicht mehr, welcher es war, gesagt: »Er hat ein Buch geschrieben, um nachzuweisen, daß ich in Wahrheit ein Vertreter der Reifetheorie sei!« Das heißt, er glaube, die Intelligenz steckt in den Erbanlagen und ist vorprogrammiert. Und die Stufen der Erkenntnis seien lediglich Stufen der Reifung des Organismus.

J.-Cl. B.: Von vornherein vorgegeben…

G. C.: Genau. Alles sei vorprogrammiert. Und ein anderer hat über ihn ein Buch geschrieben, in dem es heißt: »Nein, nein! Piaget ist ein neuer Behaviorist, ein neuer Vertreter der Assoziationstheorie.« Solche Mißverständnisse gibt es da.

H. G.: Ich möchte etwas zu den Widersprüchen hinzufügen, die man in seinem Werk gefunden zu haben glaubt. Man redet von Widersprüchen, hebt dies und jenes hervor, das nicht zusammenpaßt, präzise Punkte. Aber bei einem gewaltigen Werk, das in mehreren Jahrzehnten entstanden ist, handelt es sich eher um veränderte Perspektiven als um echte Widersprüche. Nehmen Sie Darwin: Man mußte erst einmal auf den Gedanken der Arten kommen, um die Theorie der Evolution zu entwickeln, aber dann brauchte man sich um die Arten nicht mehr so sehr zu kümmern. Das soll nicht heißen, daß es nicht auch echte Widersprüche gibt, aber hinter dem scheinbaren Widerspruch steckt oft etwas anderes, und dem muß man nachgehen.

J.-Cl. B.: Wo stand die Psychologie eigentlich vor Piaget?

G. C.: Das kann ich Ihnen nicht sagen. Sie steckte in einem – wie soll ich sagen – einem unglaublichen Durcheinander. Es überrascht mich immer wieder, daß Piaget De Saussure zitiert, Baldwin zitiert, die ersten… Und wenn man diese Autoren liest, entdeckt man eine Menge bahnbrechender neuer Gedanken, die aber über das gesamte Werk verstreut sind. Und bei Piaget fügt sich das zu einer wunderbaren Ordnung. Er hat den Strukturen zum Durchbruch verholfen. In gewissem Sinn war fast alles schon vorhanden. Selbst bei Dalton. Dalton hat ganz ähnliche Experimente wie Piaget durchgeführt, allerdings an sich selbst, und das war nicht… grundlegend.

J.-Cl. B.: Er hat das Gebiet neu organisiert.

G. C.: Ja, das ist eine Art Einsteinsche Revolution in der Psychologie, und vielleicht ist sie noch frappierender, weil Newton schon konsequent gedacht hatte, was bei den meisten Psychologen nicht der Fall war. Die Psychologie hat sich von der Philosophie nur sehr langsam emanzipiert und hatte diesen Anspruch, die logische Konsequenz von heute, damals noch nicht.

J.-Cl. B.: Diese Wissenschaftlichkeit.

G. C.: Ja, diese formale Strenge. Das ist um so spektakulärer.

J.-Cl. B.: Tatsächlich denkt man bei Psychologie eher an etwas Philosophisches als an Wissenschaft.

G. C.: Die Psychologie hat, jedenfalls für mich, nach Piaget und mit Piaget begonnen, sich von der Philosophie zu emanzipieren.

Die Bewußtwerdung

Sechs Jahre später trafen wir uns wieder… Er hatte sich kaum verän-
dert, arbeitete noch mehr, soweit das überhaupt möglich ist. In diesem
Jahr feierte er seinen achtzigsten Geburtstag.

Jean-Claude Bringuier: Auf Ihre Pfeife mögen Sie nicht verzichten.
Jean Piaget: Nein.
J.-Cl. B: Und was sagen die Ärzte dazu?
J. P.: Sie mahnen mich zur Mäßigung.
J.-Cl. B.: Immer noch Meerschaumpfeifen?
J. P.: Ja, ihr Geschmack ist einfach unvergleichlich!
(Pause. Wir rauchen.)
J.-Cl. B.: Mir fällt auf, daß ich noch gar nichts über Ihre kulinari-
schen Vorlieben weiß. Haben Sie welche?
J. P.: Oh ja!… Ich mag… (Er lacht. Eigentlich geniert er sich ein
wenig, darüber zu reden. Er tut es aus reiner Höflichkeit.) Ich mag
Fondue, nach meinem eigenen Rezept zubereitet. Statt einer
Knoblauchzehe gebe ich eine ganze Knoblauchzwiebel hinein und
reichlich Kirschwasser und Wein und wenig Käse als Grundmasse.
Eine Hälfte ist zum Trinken, während man ißt, die andere zum
Auftunken mit Brot.
J.-Cl. B.: Und das bereitet Ihre Frau zu?
J. P.: Oh nein, sie mag das gar nicht.
J.-Cl. B.: Dann kochen Sie also selbst?

J. P.: Ja, das mache ich mir, wenn ich auf der Alm bin.

J.-Cl. B.: In Ihrer Hütte?

J. P.: Ja.

Sommers geht er stets auf die Alm, aber unser Gespräch fand im Winter statt.

J.-Cl. B.: Täusche ich mich, oder haben Sie seit dem letzten Mal vor sechs Jahren Ihr Arbeitszimmer aufgeräumt?

J. P.: Ja, ich mußte, wirklich, es ging nicht anders. Auf dem Tisch, an dem ich schreibe, war einfach kein Platz mehr.

J.-Cl. B.: Auf der Seite hier?

J. P.: Ja, auf Ihrer Seite. Ich wußte nicht mehr, wo ich mein Papier hinlegen sollte. Zum Schreiben braucht man nun einmal eine Unterlage, deshalb habe ich nach drei Tagen völliger Niederge-schlagenheit schließlich meinen Schreibtisch aufgeräumt.

J.-Cl. B.: Was haben Sie weggeräumt, einfach nur was oben lag?

J. P.: Ich habe nur verschoben; seinen Schreibtisch aufräumen heißt, wie auch in der Philosophie, Probleme verschieben.

J.-Cl. B.: Ah, so ist das. Und finden Sie sich wieder zurecht?

J. P.: Im großen und ganzen schon. In meinem ganzen Wissen-schaftlerleben habe ich nur ein einziges Mal einen Text verloren: über Pflanzen, die ich auch jetzt noch untersuche, das Sedum, auch Fetthenne genannt. Ich hatte einen Artikel darüber geschrieben. Danach war er einfach nicht mehr aufzufinden, ich mußte alles noch einmal schreiben. Das ist einer der wenigen Fälle, in denen ich mit Freud und seiner Auffassung der Fehlleistungen vollkom-men übereinstimme: Ich habe den Artikel bestimmt absichtlich verlegt, er war nämlich nicht gut.

J.-Cl. B.: Und waren Sie mit dem, was Sie neu geschrieben haben, eher zufrieden?

J. P.: Ja, gewiß.

J.-Cl. B.: Warum einer der wenigen Fälle, in denen Sie mit Freud übereinstimmen?

J. P.: Nichts gegen Freuds Deutung der Fehlleistungen. Aber viele sind zwangsläufig, hinter ihnen steht keine unbewußte Absicht. Wohingegen in diesem besonderen Fall ganz offensichtlich eine Absicht steckte. Der Artikel war schlecht, aber ich hatte nicht den Mut, ihn ins Feuer zu werfen. Die Lösung bestand darin, ihn zu verlegen.

J.-Cl. B.: Sehen Sie außer bei den Fehlleistungen auch eine allgemeine Übereinstimmung mit Freud?

J. P.: Ja, was die Verdrängung und die anderen Verfahren des Unbewußten betrifft. Aber in der Deutung im einzelnen, da begegnet man dem gleichen Problem wie bei einer historischen Rekonstruktion: bis zu einem gewissen Grad hat man die Wahrheit auf seiner Seite, aber dann rekonstruiert man mehr oder weniger willkürlich, und man weiß nicht, wo die Grenze liegt.

J.-Cl. B.: Vielleicht täusche ich mich, aber mir scheint, Freuds Werk hatte keinen Nutzen für Sie. Es heißt oft, Sie hätten es verkannt oder nicht beachtet…

J. P.: Nein, das stimmt nicht. Hier liegt ein grundlegendes Mißverständnis vor. Auf den Vorwurf, die Psychoanalyse zu verkennen, entgegne ich das gleiche, was ich schon über den affektiven Bereich im allgemeinen gesagt habe.

J.-Cl. B.: Richtig, wir haben schon von der Rolle des Gefühls, oder genauer gesagt, von seinem Fehlen in Ihrem Werk, gesprochen.

J. P.: Und ich habe Ihnen sicherlich gesagt, daß das Gefühl als Antrieb zum Handeln wesentlich ist. Wenn man kein Interesse an etwas hat, wird man auch nicht tätig, das ist klar. Aber es ist eben nur der Antrieb, nicht die Quelle der kognitiven Strukturen. Da mein Forschungsfeld das Erkenntnisvermögen ist, habe ich keinen Grund, mich um Fragen der affektiven Motivation zu kümmern. Nicht, weil ich grundsätzlich anderer Meinung wäre, sondern weil mein Forschungsinteresse ein ganz anderes ist. Verzeihen Sie mir, daß ich das so sage, aber im großen und ganzen interessieren mich einzelne Menschen, das Individuelle, wenig. Mich interessiert das Allgemeine an der Entwicklung der Intelligenz und der Erkenntnis, während die Psychoanalyse ihrem Wesen nach eine Analyse individueller Lebenssituationen, individueller Probleme usw. gibt.

J.-Cl. B.: Was Sie am Menschen interessiert, ist also weniger das Individuelle als das Überindividuelle?

J. P.: Ganz richtig. Dennoch hat die Psychoanalyse immer meine Aufmerksamkeit gefesselt! Um nur ein Beispiel zu nennen, ich habe einen Vortrag vor der Amerikanischen Psychoanalytischen Vereinigung gehalten, der, soweit ich weiß, weltweit größten Vereinigung von Vertretern der Freudschen Theorie. Vor drei oder vier Jahren habe ich dort über die Beziehungen zwischen dem Unbewußten im kognitiven und im affektiven Bereich gesprochen. Der Vortrag ist dann auf französisch in *Raison Présente* erschienen.

J.-Cl. B.: Dabei ging es um das Verhältnis von Unbewußtem und Intellekt einerseits, und von Unbewußtem und Gefühlsleben andererseits.

J. P.: Richtig.

J.-Cl. B.: Was kann man darüber sagen?

J. P.: Nun, man kann sagen, daß das meiste oder vieles, was der einzelne an Denkarbeit, an Problemlösung leistet, unbewußt bleibt, wenn die Handlung von Erfolg gekrönt ist. Die Bewußtwerdung setzt erst sehr viel später ein.

J.-Cl. B.: Der einzelne wird sich also seiner Handlung nicht bewußt, solange er das nicht braucht?

J. P.: Ganz richtig.

J.-Cl. B.: Und wie sieht es im affektiven Bereich aus?

J. P.: Dort gibt es das ebenfalls, und darüber hinaus auch noch die Verdrängung. Aber die Verdrängung wirkt auch im kognitiven Bereich, wenn das Subjekt, sei es ein Kind oder ein Wissenschaftler, sich einen Begriff macht oder eine Theorie aufstellt und unbewußt all das verdrängt, was nicht mit seiner Vorstellung verträglich scheint.

J.-Cl. B.: Es wird eine Auswahl getroffen…

J. P.: Ohne Zweifel. Und genau da haben wir das kognitive Pendant zur Freudschen Verdrängung, darauf habe ich in meinem Vortrag hingewiesen.

134

J.-Cl. B.: Was nicht ins System paßt, das will der einzelne auch nicht erkennen?
J. P.: Ganz richtig.

Kaum hatten wir unser Gespräch begonnen, waren wir auch schon mitten in seiner Forschungsarbeit; ich wußte, daß die »Bewußtwerdung« eines der Themen war, denen seine jüngsten Forschungen galten… Wir waren über einen verlorengegangenen Artikel auf dieses Thema gekommen, aber auch jeder andere Gesprächsgegenstand hätte ihn bald zu seiner Fragestellung zurückgeführt. Er war immer noch der alte: ganz von der laufenden Forschungsarbeit in Beschlag genommen, und nur davon.

J.-Cl. B.: Wenden wir uns Ihren Forschungen der letzten Jahre zu. Nach der Kausalität…
J. P.: …haben wir am Zentrum für genetische Erkenntnistheorie eine Reihe von Untersuchungen über die »Bewußtwerdung« angestellt, und ich habe darüber ein kleines Buch geschrieben. Ich schildere Ihnen eines der Experimente, weil es recht amüsant ist. Wir haben Kinder gebeten, auf allen vieren zu gehen und dann zu beschreiben, welche Bewegungen sie dabei ausgeführt haben. Drei Stadien sind auszumachen: Die jüngsten geben reine Phantasiebeschreibungen. Sie behaupten, erst beide Hände nach vorn zu strecken, dann beide Füße, dann wieder die Arme usw., was offenkundig ganz unmöglich ist. In einem zweiten Stadium sagen sie: ich setze zuerst die linke Hand und den linken Fuß nach vorn, dann die rechte Hand und den rechten Fuß. Das ist zwar möglich, aber doch die Ausnahme bei der Fortbewegung auf allen vieren, die Pferde eingeschlossen. Im dritten Stadium schließlich erhalten wir eine exakte Beschreibung.
J.-Cl. B.: Die Bewegung über Kreuz.
J. P.: Richtig, linke Hand und rechter Fuß, rechte Hand und linker Fuß. Dann hatte die Mitarbeiterin, die diese Untersuchungen durchgeführt hat, eine ausgezeichnete Idee. Wie Sie wissen, findet alljährlich ein Symposium statt, zu dem wir namhafte Wissen-

schaftler aus dem In- und Ausland zum Meinungsaustausch über unsere jüngsten Forschungen einladen. Meine Mitarbeiterin schlug nun unseren illustren Gästen vor, sich ebenfalls an dem Experiment zu beteiligen und sich auf alle viere zu begeben.

J.-Cl. B.: Wie? Im Saal, wo das Symposium stattfand?

J. P.: Nein, nein, das nicht, sondern nebenan und einzeln, ohne Beobachter. Sie sollten auf allen vieren gehen und dann beschreiben, was sie taten. Das Ergebnis war verblüffend: die Physiker und Psychologen haben die Bewegungen zutreffend beschrieben wie die Kinder im dritten Stadium. Die Logiker und Mathematiker hingegen haben eine Beschreibung wie im zweiten Stadium abgegeben: durchaus keine absurde, in logischer Hinsicht sogar die einfachste, die aber nicht der Bewegung entspricht, die sie ausgeführt haben. Mit anderen Worten, sie hatten gar kein Bewußtsein über die Art ihrer Fortbewegung und hatten das Ganze theoretisch rekonstruiert. Die Bewußtwerdung ist in den meisten Fällen eine begriffliche Rekonstruktion, die aber, wie in dem eben geschilderten Beispiel, zu Verzerrungen der Wirklichkeit führen kann.

J.-Cl. B.: Welche Erklärung haben Sie für das unterschiedliche Verhalten der beiden Gruppen?

J. P.: Nun, Psychologen und Physiker sind es gewohnt, Tatsachen zu beobachten, während Mathematiker das Modell konstruieren, das ihnen so logisch und einfach wie möglich erscheint!

J.-Cl. B.: Und da täuschen sie sich.

J. P.: Ja, in diesem Fall haben sie sich getäuscht. Das beweist aber nur, daß keinerlei Bewußtsein für eine Bewegung vorhanden ist, die sie schon einmal gemacht haben, vielleicht nicht gerade jeden Tag in ihrem Erwachsenenleben, aber mit Sicherheit in jüngeren Jahren. Das bedeutet für die Theorie, daß die Bewußtwerdung durchaus keine bloße Beleuchtung ist, die, wie der Schein einer Taschenlampe, lediglich Licht auf etwas wirft, das bisher nicht gesehen wurde, ohne irgend etwas zu verändern.

J.-Cl. B.: Also nur etwas vor Augen führt, das man gemacht hat.

J. P.: Ja. Tatsächlich aber ist die Bewußtwerdung eine begriffliche Rekonstitution der wesentlichen Züge einer Handlung.

J.-Cl. B.: Ist das nicht das gleiche?

J. P.: Nein, Rekonstitution heißt sehr viel mehr.

J.-Cl. B.: Und worin besteht dieses Mehr?

J. P.: In dem Bewußtsein der Beziehungen, in der Verallgemeinerung usw.

J.-Cl. B.: Die Beziehungen zwischen den verschiedenen Phasen der Handlung...

J. P.: Richtig. Mit anderen Worten, das Handeln allein zielt auf einen Zweck, und wenn dieser erreicht wird, begnügt sich der Handelnde damit. Die Handlung wird also durch den Erfolg bestimmt. Wohingegen die Bewußtwerdung auch noch das Verstehen umfaßt: das Wissen nämlich, wie eine Handlung gelungen ist. Da mein Buch über die Bewußtwerdung zu umfangreich geworden war – das passiert mir häufiger –, habe ich zwei daraus gemacht. Das zweite heißt *Réussir et comprendre**, behandelt aber dasselbe Problem. Die Bewußtwerdung umfaßt die Deutung und Erklärung der Handlung. In der Handlung selbst konzentriert sich das Verstehen auf das Objekt und nicht auf die Mechanismen, die für den Erfolg verantwortlich sind.

J.-Cl. B.: Aber was Sie Reflexion nennen, hat das auch einen Nutzen? Bereitet die Reflexion etwas vor, oder zieht sie lediglich Bilanz?

J. P.: Nun, sie kann Anstoß zu neuen Handlungen sein. Hat man erst einmal verstanden, was man getan hat, dann öffnen sich neue Möglichkeiten. Vor allem aber ist die Reflexion, sofern sie als Erklärung dient, der Ausgangspunkt für weitere begriffliche Konstruktionen.

J.-Cl. B.: Der Drang, das gleiche noch einmal zu machen, womöglich leicht verändert usw.

J. P.: Ganz richtig. Aber in einem viel allgemeineren Rahmen.

---

* Erschienen 1974, nicht ins Deutsche übersetzt. Sinngemäße Übersetzung des Titels: Erfolgreiches Handeln und Verstehen.

Spiele der Kinder und der Wissenschaftler

Für eine vergleichende Geschichte der individuellen
Intelligenzentwicklung und des wissenschaftlichen Fortschritts
Gespräche mit *Rolando Garcia, Ilya Prigogine*

Die Reihe der Forscher, die aufeinander folgten, gleicht
dem unbegrenzt lernenden einzelnen.

PASCAL

Jean-Claude Bringuier: Das ist also ein Teil der Forschungen, die
Sie seit vier, fünf Jahren betreiben? Bei unserem letzten Zusammensein vor sechs Jahren hatten Sie sich mit Fragen der Kausalität
beschäftigt.

Jean Piaget: (Er zündet seine Pfeife wieder an.) Mit der Bewußtwerdung haben wir uns gleich nach den Arbeiten zur Kausalität
befaßt. Auf der Stufe, auf der das Kind zu konkreten Operationen
fähig* wird, umfaßt die Kausalität Handlungen, die mit dem Objekt in Verbindung stehen, aber vorher sind es Handlungen, die das
Subjekt auf Objekte ausübt, und darin lag das Problem, welche
Rolle die Handlung im Erkennen spielt. Hier mußte zwischen der
Handlung als solcher und der Handlung als begrifflichem Konzept
unterschieden werden.

J.-Cl. B.: Also zieht ein Forschungsergebnis weitere Forschungen
nach sich. Kaum ist eine Untersuchungsreihe zu einem Ergebnis
gekommen, macht dies neue Forschungen nötig.

J. P.: Ja, eins kommt zum anderen. Aber nicht unbedingt in linearer Abfolge. Oft verzweigt sich ein Projekt in mehrere Richtungen.
Dann heißt es eine Wahl treffen. Wir kehren zu Themen wie der

---

* »au niveau où l'enfant atteint les opérations«. Es ist nicht ganz klar, was hier mit
»niveau« gemeint ist. Sehr wahrscheinlich ist die dritte Stufe der Intelligenzentwicklung beim Kind, die Phase der konkreten Operationen (sieben bis elf Jahre)
gemeint. Vgl. Thomas Kesselring: Jean Piaget, München, 1988, S. 40 ff.

Kausalität oder der Äquilibration wieder zurück, weil es Gott sei Dank immer wieder vorkommt, daß im Zuge der Forschungsarbeit neue Tatsachen auftauchen oder sich eine Korrektur der Theorie aufdrängt, die die vorherigen Ergebnisse bereichert und verbessert. Dann kehren wir zu den alten Fragestellungen zurück. So kommt es zu einem ständigen Austausch...

Oder aber eine Idee reift am Rand der eigentlichen Arbeit lange heran. Darüber können Jahre vergehen, und dann, mit einem Mal, wird ein eigener Forschungsgegenstand daraus. So ging es mit unserer Reflexion über einen Vergleich der Intelligenzentwicklung beim Kind mit dem Fortschritt in den Wissenschaften. Ich bereite über diese Analogien gerade ein Buch vor, eine Gemeinschaftsarbeit mit meinem Kollegen Rolando Garcia, einem hervorragenden Physiker, der früher Dekan der naturwissenschaftlichen Fakultät von Buenos Aires war.

J.-Cl. B.: Ah, das ist etwas, worüber ich mich gerne mit Ihnen unterhalten würde, und ich bin froh, daß Sie dieses Thema selbst angesprochen haben. Die Entwicklung der Erkenntnis beim Kind und der Gang der menschlichen Erkenntnisgeschichte von der Vorzeit bis heute ist für Sie etwas durchaus Vergleichbares. Wie kommen Sie zu dieser Annahme?

J. P.: Schauen Sie, ich hatte einerseits Interesse an der Biologie und andererseits an Problemen der Erkenntnis im allgemeinen. Als Biologe wollte ich wissen, wie sich die menschliche Erkenntnis entwickelt, wie sie sich genetisch entfaltet. Das ideale Forschungsfeld wäre der Mensch der Vorzeit gewesen, aber über dessen mentale Funktionen wissen wir, wie ich Ihnen schon gesagt habe, so gut wie nichts. Also gab es nur den einen Weg, der auch in der Biologie beschritten wird, wenn die phylogenetische Vergangenheit nicht rekonstruierbar ist: man muß auf die Ontogenese ausweichen, d.h. auf die Entwicklung des Individuums, die ohne Zweifel im Zusammenhang mit der Stammesentwicklung steht. Darüber hinaus bin ich wie Baldwin, und übrigens auch wie Freud, der Auffassung, daß das Kind dem Ursprung näher ist als jeder Erwachsene, einschließlich des Urmenschen, und daß die Quelle der Erkenntnis in der Ontogenese liegt. Jeder Erwachsene, ob es nun der Höhlenmensch oder Aristoteles war, ist einmal Kind gewesen und hat sein Leben lang Mechanismen benutzt, die sich in den ersten Lebensjahren herausgebildet haben. Daher ist im Bereich der Erkenntnis – nicht in jedem anderen Feld – die Ontogenese von grundlegender Bedeutung. Ich halte sie auch für ursprünglicher als die Phylogenese.

J.-Cl. B.: Hierzu hätte ich eine Frage: Ist das heutige Kleinkind weniger – in Anführungszeichen – primitiv als das Kleinkind des prähistorischen Menschen?

J. P.: Darüber weiß ich nichts. Ich kann mir aber vorstellen, daß mit der Fortentwicklung der Kultur und des sozialen Milieus eine Beschleunigung eingetreten ist, daß also das heutige Kleinkind sich rascher entwickelt.

J.-Cl. B.: Wegen des sozialen Einflusses?

J. P.: Ganz offensichtlich. Das heutige soziale Milieu stimuliert das Kind und konfrontiert es mit Problemen, die das Kind des prähistorischen Menschen noch nicht kannte. Aber um auf die zentrale Frage zurückzukommen, überall wo sich Erkenntnisse zu entwikkeln beginnen, kann man einen Prozeß beobachten, der dem der kindlichen Entwicklung weitgehend entspricht.

J.-Cl. B.: Zum Beispiel?

J. P.: Nun, zum Beispiel... (Er zieht an seiner Pfeife, setzt sich in seinem Sessel zurecht.) In den Anfängen der Wissenschaft, zu einer Zeit, als die Physik noch in den Kinderschuhen steckte und noch nicht das war, was sie seit Newton geworden ist, findet man Entwicklungsstufen, die erstaunliche Entsprechungen zu den Stadien bieten, die ich bei Kindern beobachtet habe. Nehmen wir die Kraftübertragung, die wir im Rahmen unserer Untersuchungen zur Kausalität studiert haben. Wie überträgt sich die Kraft von einem bewegten Gegenstand auf einen unbewegten, wenn der erstere den letzteren anstößt? Für die Beantwortung dieser Frage kann man in der Wissenschaft vor Newton, also vor dem 17. Jahrhundert, vier Etappen feststellen.

In der aristotelischen Epoche herrschte die Lehre von den zwei Antrieben, das Agens stößt das Patiens an. Auch die ruhende Kugel besitzt Kraft, nämlich den inneren Antrieb. Die Kraftübertragung vollzieht sich dergestalt, daß der innere Antrieb des Patiens vom äußeren Antrieb des Agens angeregt wird. Ferner gibt es in dieser Periode die Auffassung vom »Eigenort«, jeder Körper strebt einem bestimmten Ort zu, der ihm gewissermaßen eigen ist.

J.-Cl. B.: Und das war alles nötig, um die Kraftübertragung zu erklären?

J. P.: Allerdings. Warum fällt das Wurfgeschoß, wenn es die Schleudervorrichtung verläßt, nicht sogleich zu Boden, sondern setzt seine Bahn fort? Aristoteles hat dazu eine ausgeklügelte Theorie geliefert, die *antiperistasis* oder »umgebende Reaktion«. Danach ist der Antrieb eine Luftströmung, die sich hinten bildet und das Geschoß nach vorn drückt. Das ist also die erste Periode.

Die zweite Periode kann man zwischen Aristoteles und Buridan ansetzten. Kennzeichnend ist der Verzicht auf den inneren Antrieb. Der äußere Antrieb ist nun für die gesamte Bewegung verantwortlich, er hat die Kraft, gibt den Anstoß, den Schwung usw. Dann die dritte Periode, für die Buridan mit seinem Begriff des *impetus* steht. Zwischen Ursache und Wirkung tritt ein Drittes, der *impetus* oder Schwung. Der äußere Antrieb gibt einen Schwung und teilt ihn dem Patiens, dem ruhenden Element, mit. Schließlich die vierte Periode: aus dem Impetus wird die Beschleunigung, und damit stehen wir an der Schwelle der Newtonschen Physik.

Wir haben also im Rahmen unserer Untersuchungen zur Kausalität den Begriff der Kraftübertragung in allen seinen Formen studiert. Die vier Perioden finden sich in genauer Entsprechung auch beim Kind.

J.-Cl. B.: Zwischen welchen Altersstufen?

J. P.: Zwischen vier, fünf und elf bis zwölf Jahren. Erste Periode, die aristotelische. Das Kind redet nicht nur von zwei Antrieben in der ihm eigenen Sprache: die eine Kugel, die die andere anstößt, hat Kraft, aber auch die andere, die den Stoß empfängt, hat Kraft.

Beide zusammen machen die Bewegung nach vorn. Das Kind spricht auch vom »Eigenort«. Nehmen wir eine schiefe Ebene, warum rollt eine Kugel da hinunter? Ein siebenjähriges Kind hat mir darauf geantwortet: »Sie muß eben an ihren natürlichen Platz zurück.« Der natürliche Platz, das ist der »Eigenort«. Aber es kommt noch besser, die Kinder kennen auch die *antiperistasis*. Stellt man einem Kind die Frage: »Warum fliegt der Ball, den du wirfst, weiter, statt auf den Boden zu fallen, sobald du ihn losläßt?«, dann antwortet es z. B.: »Wenn ich den Ball werfe, dann gibt das einen Luftzug, und der treibt ihn nach vorn.« Das ist genau die *antiperistasis*. Die kommt für die Kinder vor allem aus den Beziehungen zwischen den Wolken und dem Wind. Die Wolken bewegen sich ganz behutsam, dabei entsteht ein schwacher Wind, bewegen sie sich schneller, wird auch der Wind stärker…

J.-Cl. B.: Die ständige Bewegung…

J. P.: Ja, aber dahinter steht der Aristotelische Kraftbegriff. Zweites Stadium: Der innere Antrieb spielt keine Rolle mehr, die Kraft wird zu etwas Undifferenziertem, nach dem Vorbild der menschlichen Kraftanstrengung. Dann, drittes Stadium: der *impetus*. Mit sieben, acht Jahren reden alle Kinder vom Schwung. Die Kugel, die die andere anstößt, gibt ihr einen Schwung. Hat man es mit einer Reihe von Kugeln zu tun und ist es die letzte, die weiterläuft, dann ist der Schwung durch die anderen »durchgegangen«. Gerade das aber sagen kleinere Kinder nie. Mit elf, zwölf Jahren hat der Schwung dann ausgedient, nun ist von Beschleunigung die Rede: nach unten hin wird die Kugel immer schneller…

Das gilt also für die Anfänge der Wissenschaft, aber auch für Perioden höherer Entwicklungsstufen. So z. B. für die Geschichte der Geometrie, über die Garcia so glänzend geschrieben hat, auch dort findet sich etwas, das ich gemeinsame Mechanismen nenne. Im Fall der Geometrie lassen sich zwei ausmachen. Erstes Stadium: alle geometrischen Raumbeziehungen, über die das Kind verfügt, und die mit denen bei Euklid übereinstimmen, sind ausschließlich innerfigürlich.

J.-Cl. B.: Was heißt das?«

J. P.: Das heißt, es sind Beziehungen innerhalb einer geometrischen Figur. Zwischen den Figuren gibt es keinen Raum. Euklid hat sich nie mit einer Theorie des Raumes im allgemeinen befaßt, nur mit einer Theorie der geometrischen Figuren. Zweites Stadium: das zwischenfigürliche. Das cartesianische Koordinatensystem: ein Punkt ist die Funktion zweier Koordinatenachsen, zwei Werte definieren seine Lage in der Ebene. Schließlich das dritte Stadium: seit der Algebraisierung der Geometrie durch Klein und das Erlanger Programm werden alle Geometrien auf Gruppen von Translationen, Gruppen von Transformationen zurückgeführt. Auch das ist ein gemeinsamer Mechanismus der Wissenschaftsgeschichte und der Psychogenese. Bei den Kindern gibt es eine innerfigürliche Periode. Die Beziehungen zwischen den Figuren und dem Raum existieren für sie nicht, zumindest haben sie keinen Begriff davon. Doch bei Sieben-, Achtjährigen macht man folgende Entdeckung: Um die Lage eines Punktes zu bestimmen – z.B. um ihn auf ein anderes Blatt Papier in der gleichen Lage zu übertragen –, braucht man mindestens zwei Maße, also zwei Zahlenwerte, einen horizontalen und einen vertikalen; das ist die Entsprechung zu den Koordinaten, aber in operativer Form. Das Kind stellt keine Theorien auf, aber es tut Entsprechendes in Form einer Handlung. Schließlich folgt die Algebraisierung, d.h. die geometrischen Beziehungen bilden zusammen Systeme, und wieder hat man in operativer Form eine Entsprechung zu den Translations- und Transformationsgruppen.

(Pause.)

Hier haben Sie wieder die elementaren Bildungsgesetze: vom Einfachen wird zum Komplexen fortgeschritten. Die innerfigürliche Geometrie ist das Elementare, während die zwischenfigürliche den Beginn der Systematisierung und Algebraisierung markiert, die Entdeckung der Strukturen. Mit den Strukturen zu beginnen und dann erst die Elemente zu beschreiben hieße, die natürliche Reihenfolge verkehren, zumindest nenne ich sie natürlich, weil sie gewissermaßen von der Natur der Dinge so vorgegeben ist.

J.-Cl. B.: Jedes Stadium braucht das vorangegangene?

J. P.: Ganz richtig. Die Stadien bilden eine Sequenz.

J.-Cl. B.: Ich frage mich – aber vielleicht ist nur mein Verständnis mangelhaft –, wenn jedes Kind diese Stadien durchläuft, auch wenn es sich dessen nicht bewußt ist, warum man dann in der Geschichte der Wissenschaft nicht rascher vorangekommen ist?

J. P.: Weil das Kind, um es noch einmal zu sagen, nicht theoretisiert. Wir müssen bei Erkenntnisfragen verschiedene Ebenen unterscheiden, die Ebene des Handelns und diejenige der begrifflichen Rekonstruktion. Für das Kind sind das lediglich Handlungen, die mit einem gegenwärtigen Problem in Verbindung stehen, es denkt nicht darüber hinaus.

J.-Cl. B.: Und die Theoriebildung?

J. P.: Mit der Theoriebildung wird das, was handelnd entdeckt wurde, in Begriffe übersetzt.

J.-Cl. B.: Wir verstehen, was wir entdeckt haben.

J. P.: Ja, und das Handeln geht überall der Thematisierung und begrifflichen Rekonstruktion voraus. Vor aller Wissenschaft hat es bestimmte Techniken gegeben, und wie es Essertier formulierte: Der Mechaniker ist ein Physiker, der die Physik nicht kennt, der nichts von der Theorie weiß.

J.-Cl. B.: Dann finden sich also in den Analogien zwischen dem Menschheitsfortschritt und der individuellen Intelligenzentwicklung die gleichen Beziehungen wieder, die in der Bewußtwerdung zwischen Handeln und theoretischer Durchdringung feststellbar sind?

J. P.: Aber ganz und gar! Das ist eine frappierende Entsprechung zwischen diesen beiden Mechanismen. In der gesamten Geschichte der Mathematik, teilweise auch in der Physik, benutzen Gelehrte und Neuerer Instrumentarien, von denen sie kein Bewußtsein haben. Euklid benutzte ständig das, was später die Translationsgruppe genannt wurde, aber erst Galois hat den mathematischen

Begriff der Gruppe entdeckt. Gleichwohl ist der Gedanke bei Euklid überall am Werk, ohne daß er zu theoretischer Klarheit gebracht wird. Die Griechen verachteten die Algebra. Sie sahen in ihr keine Wissenschaft, die der Würde der Geometrie gleichgekommen wäre, sondern eher eine Sammlung von Kunstgriffen. Das Subjekt bedient sich ihrer, um zur Erkenntnis der geometrischen Wahrheiten zu gelangen. Mit der Algebra eines Viète und der analytischen Geometrie eines Descartes ist, so scheint mir, die Stufe der geschichtlichen Bewußtwerdung der Operationen erreicht. Operationen, die bereits Euklid benutzte, ohne sie indes zu thematisieren und begrifflich darzulegen. Die Theoriebildung begann erst mit Galois... erst mit Descartes und Viète im 17. Jahrhundert, auch selbstverständlich mit Newton, Geometrie und Infinitesimalkalkül... Aber, wie gesagt, schon die Griechen benutzen diese Operationen. Das Handeln ist hier der Bewußtwerdung lange vorausgegangen. Schließlich, als Beispiel aus der jüngsten Geschichte, die Bourbaki-Gruppe mit ihrer brillanten Theorie der mathematischen Strukturen, die sie auf drei Grundtypen zurückgeführt hat, nämlich die algebraischen, die topologischen und die Ordnungsstrukturen. Wie haben sie diese Strukturen konstruiert? Nicht nach einem Schema, das kam erst später. Sie haben sie durch eine Reihe von Vergleichen konstruiert, ein Verfahren, das Dieudonné induktiv nannte und das darin bestand, mehrere grundverschiedene Kapitel der Mathematik daraufhin zu vergleichen, ob nicht dahinter eine gemeinsame Struktur steht. Bei ihrer Arbeit haben sie eine Reihe von Verfahren benutzt ohne vorherige Theoriebildung, denn das war ihre Prozedur zur Entdeckung der Strukturen. Im nachhinein hat man allerdings eine Theorie formuliert, und zwar die der Morphismen und Kategorien. Diese Theorie geht auf Mac Lane und Eilenberg zurück.

J.-Cl. B.: Und mit der Sie sich ebenfalls beschäftigt haben...

J. P.: Selbstverständlich haben wir uns damit beschäftigt. Wir wollten sehen, welche Rolle beim Kind die Morphismen neben der der konkreten Operationen spielen.

J.-Cl. B.: Was hat man sich unter einem Morphismus vorzustellen?

J. P.: Das ist eine Entsprechung.

J.-Cl. B.: Ein Vergleich.

J. P.: Ja, ein Vergleich. Ein Vergleich, der das Gemeinsame zwischen verschiedenen Systemen sucht. Ein Morphismus ist eine Entsprechung, die die Struktur bewahrt. Eine Gruppe ist isomorph zu einer anderen Gruppe, wenn sie dieselbe Struktur aufweist. Direkte und inverse Operationen, Assoziativität…

J.-Cl. B.: Entsprechen sich die Glieder des Vergleichs eins zu eins?

J. P.: Oh, da gibt es alles mögliche: Entsprechung von Term zu Term, Relation zu Relation, Transformation zu Transformation, Struktur zu Struktur, kurz, das ganze System der Vergleiche, während es bei unseren Untersuchungen der konkreten Operationen, was wir über Jahre gemacht haben, vor allem um die Transformationen ging. Ein Vergleich verändert nicht die Glieder, die verglichen werden, sonst wäre es kein Vergleich. Wohingegen eine Transformation einen Zustand verändert, um ihn in einen anderen zu überführen.

J.-Cl. B.: Und diese Untersuchung der Morphismen, haben Sie die auch mit Kindern durchgeführt?

J. P.: Sicher. Das Forschungsinteresse lag weiterhin in der Analogie zwischen dem Fortschritt der Wissenschaft und der menschlichen Erkenntnis im allgemeinen und der Intelligenzentwicklung des Individuums. Da nun die Morphismen und die Kategorien zum herausragenden Interesse zahlreicher zeitgenössischer Mathematiker geworden waren, habe ich mich gefragt, ob in diesem Zusammenhang nicht etwas Entsprechendes in der Erkenntnisentwicklung des Kindes zu finden wäre und welche Rolle es spielte.

J.-Cl. B.: Haben Sie etwas gefunden?

J. P.: Ja, das habe ich.

J.-Cl. B.: Aber doch nicht, weil man immer findet, was man sucht?

J. P.: Ich hätte auch nichts finden können.

J.-Cl. B.: Ist die Wirklichkeit nicht so vielfältig, daß sie Antworten auf alle Fragen bietet?

J. P.: Nein, die Frage lautete nicht: Gibt es Morphismen? Das
springt ja ins Auge, da wir es mit dem Instrument eines jeden Ver-
gleichs zu tun haben. Die Frage lautete: wie verhalten sich die
Morphismen zu den Transformationen? Was überwiegt? Ist es der
Vergleich oder die Transformation mit ihrem schöpferischen
Aspekt? Meine Antwort lautet, daß die Morphismen im Lauf der
Entwicklung den Transformationen immer mehr untergeordnet
werden. Sie sind es, die die Oberhand erlangen.

J.-Cl. B.: Was verstehen Sie unter Transformationen?

J. P.: Ich nenne Transformation eine Operation, die einen Zustand
in einen anderen überführt. Die Negation, eine inverse Operation,
bedeutet in der Translationsgruppe, daß man von A nach B geht
oder von B nach A zurückkehrt. Zurückkehren ist die Transformation der direkten Operation.

J.-Cl. B.: Durch Reversibilität.

J. P.: Ja, oder es kann auch eine Zusammensetzung sein, eine Addition, oder ähnliches.

J.-Cl. B.: Sie benutzen auch den Begriff Kategorie, ist das auch ein
Morphismus?

J. P.: Eine Kategorie ist ein System von Morphismen.

J.-Cl. B.: Ein besonderes System.

J. P.: Ein besonderes und höheres, das sich durch bestimmte
Merkmale auszeichnet, wie z. B. Automorphismus, also die Tatsache, daß sich das gleiche System auch in seinen Untersystemen
wiederfindet…

J.-Cl. B.: In sich selbst?

J. P.: Ja, genau.

J.-Cl. B.: Vorhin habe ich Ihnen gesagt – und Sie haben sich dazu
nicht geäußert –: »Man findet immer, was man sucht«, und hinzu-
gefügt: »weil die Wirklichkeit so vielfältig ist, daß sie Antwort auf
alle Fragen gibt.« Nun scheint Ihnen diese Ansicht nicht gerade zu
behagen, daher versuche ich den Gedanken noch einmal anders zu
formulieren: Meinen Sie nicht, daß das Unbekannte sozusagen ge-
zähmt wird… Das Faktische, so scheint es zumindest, wird ge-

zwungen, so und nicht anders vor unseren Fragen zu erscheinen. Wir wollen zwar Neues sehen und entdecken, aber nach den Regeln, die wir festlegen.

J. P.: Nein, davon bin ich nicht so überzeugt. Die Realität zwingt uns immer wieder dazu, neue Fragen zu stellen. Der Irrtum…

J.-Cl. B.: Aber stets der gleichen Art?

J. P.: Das ist nicht gesagt. Die Fragen, mit denen sich die Neue Physik beschäftigt, sind doch recht verschieden von dem, was Newton unter Physik verstand. Nein, es herrscht ein Wechselspiel zwischen den Fragen, die wir der Wirklichkeit stellen, und den unerwarteten Antworten, die wieder neue Fragen aufwerfen.

J.-Cl. B.: Die Fragen und Antworten bleiben für Sie weitestgehend im Bereich der Wissenschaft.

J. P.: Ja, allerdings.

J.-Cl. B.: Ihnen liegt die Vorstellung fern, die Wirklichkeit könnte uns mit Erkenntnissen über uns selbst überraschen, die keine Frucht des wissenschaftlichen Denkens sind?

J. P.: Ja, davon bin ich überzeugt.

J.-Cl. B.: Überzeugt deswegen, weil Sie ein Mensch des Westens sind.

J. P.: Gewiß.

J.-Cl. B.: Die westliche Wissenschaft und Zivilisation hat Sie zu dem gemacht, was Sie sind.

J. P.: Ja, ohne Frage. Allerdings hat es auch die chinesische Wissenschaft sehr weit gebracht.

J.-Cl. B.: Aber nicht so weit wie unsere?

J. P.: Vor allem unterscheidet sie sich grundlegend von der unsrigen. Sie hat mit der Dialektik begonnen, statt bei ihr als einer höheren Stufe anzulangen.

J.-Cl. B.: Sie hat mit der Dialektik begonnen? Das müssen Sie mir erklären.

J. P.: Nein, nein, dazu kenne ich mich zuwenig aus. Ich habe mich mit der chinesischen Wissenschaft beschäftigt, weil ich mit Garcia zusammen ein Buch vorbereite, das die Frage behandelt, ob nur eine einzige Linie in der Entwicklung des Erkennens möglich ist oder ob verschiedene Wege denkbar sind. Freilich führen diese Wege früher oder später zu gemeinsamen Punkten. Mein Kollege Garcia, der sich in der chinesischen Wissenschaft gut auskennt, sieht dort einen Erkenntnisweg, der von dem unsrigen sehr verschieden ist. Daraufhin habe ich mir die Frage vorgelegt, ob eine andersgeartete Psychogenese vorstellbar wäre, etwa die des chinesischen Kindes in der Hochblüte der chinesischen Wissenschaft. Tatsächlich scheint mir das der Fall zu sein. Bei einem Erkenntnisvorgang ist es möglich, die Zentrierung entweder auf das Objekt oder auf die Regeln zu legen, die die Verfahren bis zur Bewußtwerdung des Objekts korrigieren. Liegt die Zentrierung auf den Regeln, kann sich eine Dialektik schon in einem früheren Stadium entwickeln, als wenn die Erkenntnis von vornherein auf das Objekt konzentriert ist. Aber das sind alles Projekte, wir schreiben noch an diesem Buch*, und es wäre verfrüht, über Dinge zu reden, die noch nicht hinreichend fundiert sind. Aber ich stehe schon jetzt zu diesem Gedanken.

---

* Das Buch ist mittlerweile erschienen. Jean Piaget/Rolando Garcia: Psychogenèse et histoire des sciences, Paris 1983.

Wir haben auch Piagets Partner bei dem Forschungsprojekt über die indi-
viduelle Intelligenzentwicklung und die Geschichte der Wissenschaften, den
Physiker Rolando Garcia, zu diesem Punkt befragt.[1]

Jean-Claude Bringuier: Wie die Theorie formuliert ist, scheint sie
auf die Behauptung hinauszulaufen, daß sich die Menschheit wie
ein einzelner Mensch vom Kind zum Erwachsenen fortentwickelt.
Rolando Garcia: Nein, oder besser, ja und nein. Nehmen wir wieder das Beispiel Aristoteles. Er hat ohne Zweifel die Logik geschaffen, die seit der Antike und bis ins vergangene Jahrhundert hinein
die gesamte Wissenschaft dominiert hat. Betrachtet man jedoch
seine Physik, und Piaget hat Ihnen dazu Beispiele gegeben, stößt
man auf Erklärungen, die denen der Kinder wirklich frappierend
gleichen.
J.-Cl. B.: Diese Anschauungen entsprechen also einem Stadium
der Kindheit oder Jugend?
R. G.: Der Kindheit der empirischen Wissenschaft, ja. Logik und
Mathematik haben sich vor der empirischen Wissenschaft entwik-
kelt. Ein Denker wie Aristoteles, der einen herausgehobenen Platz
in der Geschichte des menschlichen Geistes einnimmt, ist im Hinblick auf das physikalische Denken mit einem Kind vergleichbar.
Piagets Theorie legt dar, warum die Entwicklung der Logik und
Mathematik derjenigen der Physik vorangegangen und weshalb
das Denken des Aristoteles so und nicht anders ist. In der Art und
Weise, wie Aristoteles die Kraftübertragung, die Bewegung eines
Wurfgeschosses und den freien Fall der Körper erklärt, kann man
die gleiche Sicht wie die des kindlichen Denkens erkennen. Hier
kommt es nicht auf den Inhalt an, sondern auf den Mechanismus
des empirischen Denkens, auf die Anwendung bestimmter logischer Gesetze auf die Wirklichkeit, und darin liegt die Überein-

---

1 Rolando Garcia hat nach einem Studium der theoretischen Physik erst über die
   Mechanik der Flüssigkeiten geforscht und sich dann mit dynamischer Meteoro-
   logie befaßt.

stimmung zwischen der Aristotelischen Physik und den physikalischen Anschauungen des Kindes. Das heißt nicht, daß Aristoteles wie ein Kind gedacht hätte! (Pause.) Die Mechanismen sind die gleichen, nicht der Inhalt. In der modernen Mathematik, etwa in der algebraischen Geometrie, und in der Quantenmechanik, findet man, obgleich auf einem sehr viel höheren Abstraktionsniveau, die gleichen Mechanismen am Werk: die Verfahren, die den Fortgang der wissenschaftlichen Erkenntnis befördern, und das kognitive System unterliegen den gleichen Entwicklungsgesetzen. Für mich ist das der frappierendste Zug an Piagets Gesamtwerk. In aller Bescheidenheit habe ich mich bemüht, das für die Geschichte der Wissenschaften gleichsam zur Bestätigung nachzuweisen, was Piaget in der Entwicklung des Kindes und Heranwachsenden aufgezeigt hat.

J.-Cl. B.: Aber heißt das nicht in beiden Fällen, daß etwas zuviel Determinismus herrscht, daß es an Wegkreuzungen, an Wahlfreiheit mangelt? Aus dem System, das Sie oder Piaget beschreiben, wird nicht ersichtlich, warum im Lauf der Wissenschaftsgeschichte gerade dieses Denken oder dieser Forschungsansatz auftaucht und nicht ein anderer.

R. G.: Nun, wir müssen hier verschiedene Dinge auseinanderhalten: ein System kann determiniert sein, ohne vorhersagbar zu sein. Hat man einen bestimmten Evolutionstyp festgestellt, kann man erklären, warum jede Phase von der vorhergehenden abhängt…

J.-Cl. B.: Sie meinen rückblickend?

R. G.: Ja. Das heißt aber nicht, daß man ausgehend von einer bestimmten Evolutionsstufe nun vorhersagen könnte, wie die weitere Entwicklung aussehen wird. In einer Entwicklung sind immer Beziehungen zu den vorangegangenen Stufen nachweisbar, aber es gibt keinen genauen Determinismus. Das Moment des Zufalls spielt immer hinein und erlaubt einem System, einem anderen, nicht vorhersehbaren Schema zu folgen.

Bekanntlich erhebt die Physik schon lange nicht mehr den Anspruch, eine vollständige Deutung der Natur zu geben. Die Natur kann sozusagen nur scheibchenweise erklärt werden. Nach zeitlichen und räumlichen Maßstäben können bestimmte Phänomene ausgewählt werden, und dann kann man sagen, welches Ereignis unter der und der Voraussetzung eintreten wird. Aber wir wissen heutzutage, daß es keine umfassenden Gesetze geben kann, die den ganzen Kreis der Natur umfassen und Voraussagen über einen beliebigen Zeitpunkt in der Zukunft erlauben. Die Natur ist ungleich komplexer, als die Menschen zu Zeiten Newtons und der großen Naturgesetze annahmen.

J.-Cl. B.: Aber scheint nach dem, was Sie gerade gesagt haben, Piagets Unternehmen, das die Totalität der Wirklichkeit im Feld des Erkennens umspannt, nicht zu global angelegt?

R. G.: Nein, das glaube ich nicht. Diese Formulierung kommt mir sehr zupaß, denn mir scheint, daß Piaget im allgemeinen nicht richtig verstanden wird. Sicher, der Anspruch, wobei ich nicht weiß, ob es Piagets Anspruch ist, sagen wir die Intention der genetischen Erkenntnistheorie, zielt auf eine globale Beschreibung und Erklärung des Erkennens. Doch eine globale Erklärung des Erkennens geben heißt nicht, daß man über eine Theorie verfügt, mit der alles Künftige vorhergesagt oder jeder besonderen Entwicklung der menschlichen Erkenntnis ihre gesetzmäßige Form vorgeschrieben werden könnte. Vielmehr heißt das lediglich, die Einheit zwischen dem Menschen als biologischem Wesen, ob Kind oder Erwachsener, und dem Erkenntnissubjekt der Wissenschaft zu finden. Die Einheit der Entwicklung zu finden, nicht durch eine reduktionistische Theorie, sondern durch die Entdeckung der gemeinsamen Mechanismen...

J.-Cl. B.: ...für diese Erkenntnisfelder?

R. G.: ...zwischen dem biologischen Wesen, dem Erkenntnisapparat und dem Fortschritt in den Wissenschaften. Daß man also die Entwicklung des Erkennens sogar aus der Biologie erklären kann. Mit anderen Worten, das sich entwickelnde biologische Wesen wird zum denkenden Wesen und zum Wissenschaftler, der Theorien über die Natur bildet. Diese ergeben zwar nicht die Erklärung der Natur schlechthin, wohl aber von Teilen der Natur. Und schauen Sie, die Freiheit, von der Sie vorhin sprachen, besteht zwischen beiden Polen: dem Individuum selbst, sofern ihm seine Fähigkeiten, sein Nervensystem Grenzen ziehen, und der Wirklichkeit, die eigensinnig ist, wie es ein Symposiumteilnehmer formulierte, und sich nicht entziffern läßt.

J.-Cl. B.: Sich nicht konstruieren läßt?

R. G.: Konstruieren, begreifen, strukturieren, wie auch immer. Die Wirklichkeit könnte nicht strukturiert werden, wäre ihr nicht schon eine Struktur inhärent. Das aber heißt, daß man sie nicht nach Belieben strukturieren kann, sondern nur auf bestimmte Weise und nicht anders. Wie es Piaget ausdrückt, je nachdem, ob die Prozeduren richtig oder falsch sind, »läßt sich die Wirklichkeit einfangen«.

J.-Cl. B.: Wie haben Sie Jean Piaget eigentlich kennengelernt?

R. G.: Mit seinem Werk wurde ich bekannt, als ich noch eifriger Verfechter einer ganz anderen philosophischen Position war: ich kam aus dem logischen Positivismus, war Schüler von Rudolf Carnap in Chicago und von Reichenbach in Los Angeles.

J.-Cl. B.: Dann sind Sie also ein Überläufer…

R. G.: Bei meinem ersten Kontakt mit Piagets Theorien habe ich sie als fast banal rundweg abgelehnt. Erst über meine Frau, die Psychologin ist und über Piagets Entwicklungspsychologie gearbeitet hat, habe ich mich eingehender mit der Problematik befaßt und erkannt, daß die Erklärungen, die Piaget gab, sehr viel weiter reichten als alles, was der logische Positivismus in dieser Hinsicht zu bieten hatte. Daraufhin habe ich meine Position revidiert. Ich bekam die Gelegenheit, nach Genf zu kommen. Piaget lud mich zu den Seminaren im Zentrum für genetische Erkenntnistheorie ein. Für mich war es die Entdeckung einer ganz neuen Welt, und damit, das darf ich sagen, hat sich mein Leben geändert, mein Denken, meine Weltsicht, und viele Fragen, mit denen ich mich herumgeschlagen hatte, haben eine Antwort gefunden.

Wir haben einen anderen Physiker befragt, der auf andere, aber vergleich-
bare und komplementäre Weise auf die allgemeinen Fragen der Neuen Phy-
sik und auf den Strukturalismus Jean Piagets »reagiert«. Es ist Ilya Pri-
gogine, ein Experte auf dem Gebiet der Thermodynamik irreversibler
Phänomene. Er war wie Rolando Garcia Teilnehmer am Symposium des
Jahres 1976. Er war das erste Mal dabei.

Ilya Prigogine: Wir erkennen heute, wie begrenzt doch das Weltbild der klassischen Physik ist. Zur Erklärung vieler Phänomene ist
der Begriff des Spiels geeigneter als der des klassischen Naturge-
setzes. Ich verweise in diesem Zusammenhang auf ein Buch, das
mein Kollege und Freund Manfred Eigen, ein herausragender
deutscher Physikochemiker, geschrieben hat und das just den Titel
Das Spiel* trägt. Für ihn ist das Spiel das Wesentliche, mit allem,
was dieser Begriff an Freiheit und Wahlmöglichkeit evoziert. Ferner haben wir einen neuen Zweig in der Mathematik, die Theorie
der Verzweigungen, der zeigt, wie die Systeme bei einem bestimmten Komplexitätsgrad zwischen verschiedenen Möglichkeiten
wählen. Diese Möglichkeiten können mit einer deterministischen
Theorie, mit einer makroskopischen oder auch newtonschen
Theorie nicht erfaßt werden.
J.-Cl. B.: Sie sagen Freiheit. Diesen Begriff behält man gewöhnlich dem Menschen vor.
I. P.: Gewiß, die menschliche Freiheit ist viel komplexer und steht
noch viel höher in der Hierarchie. Dennoch ist der Abstand nicht
so groß, denn den neurophysiologischen Mechanismen, die im Gehirn ablaufen, liegen vermutlich dieselben nicht-linearen Gleichungen zugrunde, die wir aus der Theorie der Verzweigungen
kennen. Daher ist die Kluft zwischen dem Bereich der Physik und
der menschlichen Welt nicht so groß, wie es auf den ersten Blick
scheint. Wir beobachten heute eine Entwicklung im Feld der

---

* Manfred Eigen/Ruthild Winkler: Das Spiel. Naturgesetze steuern den Zufall.
München, Zürich 1975.

Theorie, und sicherlich ist es kein Zufall, daß ich als Physiker diesen Aspekt besonders hervorhebe.

Was nun die Theorie der Strukturen betrifft, mit denen sich Jean Piaget vorrangig beschäftigt, so muß man sehen, daß sich die Strukturfrage erst seit kurzem in der Physik stellt, während sie in der Biologie oder Anthropologie schon lange bekannt ist. In der Physik ist es lange Zeit ausschließlich um das Problem von Strukturen des Gleichgewichts gegangen, da die klassische Physik vor allem nach dem Dauerhaften gesucht hat. Nun untersucht aber die Physik mehr und mehr kohärente Strukturen des Ungleichgewichts. In diesem Zusammenhang zeigt eine große Zahl von Molekülen ein für sie charakteristisches raumzeitliches Verhalten, das nur in Interaktion mit dem sie umgebenden Feld möglich ist. Genau hier aber ergibt sich ein Anknüpfungspunkt zu den Theorien Jean Piagets. Auch hier stoßen wir auf das Paradox, daß eine wirklich interessante Struktur nur dann zu entdecken ist, wenn das untersuchte System Teil eines übergreifenden Strukturzusammenhangs ist.

J.-Cl. B.: Ein Metasystem.

I. P.: Ein Metasystem. Und hier drängen sich ganz einfache Vergleiche auf: ich habe heute morgen beim Symposium das Beispiel der Stadt angeführt. Eine Stadt existiert als Struktur in Raum und Zeit nur insofern, als sie in das übrige Land integriert ist. Man betrachte eine Zelle, sie hat Katalysatoren, Moleküle, die eindringende Moleküle verändern, und diese Katalysatoren, diese Enzyme, sind nicht zufällig vorhanden, sie sind ihrerseits in eine Ordnung eingebunden, ungefähr so, wie Werkzeugmaschinen in einer modernen Fabrik. Wir haben es hier mit einer funktionalen Ordnung, einer strukturellen Ordnung zu tun, in der Funktion und Struktur miteinander korrelieren. Ganz anders in einem Kristall, dort gibt es zwar Struktur, aber keine Funktion. Das ganze ist tot, kein Energieaustausch findet statt. Deshalb habe ich den Begriff »dissipative Struktur« eingeführt, der im Gegensatz steht zu den Strukturen des Gleichgewichts der klassischen Physik.

J.-Cl. B.: Und deshalb stört Sie wohl auch der Ausdruck »Äquilibration« ein wenig in Piagets Terminologie.[2]

I. P.: Aber vielleicht ist es ja ein sprachliches Problem. Wer Äquilibration sagt, geht von der Annahme eines Gleichgewichts aus, das der Entwicklung gewissermaßen vorausgeht. Ein Gleichgewicht kann sich nicht auf etwas einpendeln, was es noch nicht gibt. Das aber liefe auf ein statisches Gleichgewicht hinaus, und wir haben keinen Anhaltspunkt dafür, daß eine solche prästabilierte Harmonie existiert. Aus diesem Grund ziehe ich den Begriff der Innovation vor. Angesichts eines Ungleichgewichts, das oft auf das Handeln des Subjekts zurückgeht, scheint es so, als strebe das Subjekt ein neues kognitives Schema an. Soll man in diesem Fall von Äquilibration oder eher von Innovation sprechen?

J.-Cl. B.: Die Antwort darauf lautete: Stimulus, Transformation als Folge eines neuen Problems, das eine Lösung verlangt…

I. P.: Aber handelt es sich um Störungen von außen oder um innere Prozesse? Ganz gleich, aus welchem Bereich die Beispiele stammen – molekulare Systeme, die alles andere als im Gleichgewicht sind, neuronale Netze, Zellen eines Organismus, Individuen in einer Gesellschaft –, innovative Prozesse sind nur dann möglich, wenn das Moment des Zufalls hineinspielt. Ich habe daher den

---

2 Anspielung auf eine Diskussion im Rahmen des Symposiums des Jahres 1976, die übrigens auch in Buchform erschienen ist (*Épistémologie génétique et Équilibration: Hommage à Jean Piaget à l'occasion de son 80. anniversaire*, Neuenburg u. a. 1977). Dieser Diskussion kommt insofern besondere Bedeutung zu, als sie zeigt, wie sich ein Mißverständnis um einen Begriff entwickeln kann, mit allen Konsequenzen, die schon Cellerier und Carreras uns gegenüber im Jahr 1969 andeuteten. Es ist kein müßiger Streit um Worte, denn dieser Begriff steht für einen zentralen Gedanken Piagets. Ehe der »Patron« den Begriff der Äquilibration ins Zentrum der Diskussionen dieses Symposions stellte, hatte er diesem Thema ein Buch gewidmet, *Équilibration des structures cognitives*, mit dem vielsagenden Untertitel *Problème central du développement*. Tatsächlich gehört er neben demjenigen der Teleonomie des Subjekts zum Kern der Theorie des Konstruktivismus und der offenen Systeme, wie Piaget sie versteht. Seit seinem ersten Buch überhaupt, der *Recherche* aus dem Jahr 1918, in dem der Begriff bereits erscheint, hat er immer wieder daran gefeilt.

Eindruck, daß in den hier verwendeten Begriffen eine etwas zu kausale, deterministische Vorstellung durchschlägt.[3]

J.-Cl. B.: Wie haben Sie Jean Piaget kennengelernt?

I. P.: Ich bin Jean Piaget zum ersten Mal auf einer Konferenz in Kopenhagen begegnet, die mein leider schon verstorbener Freund Léon Rosenfeld organisiert hatte. Léon Rosenfeld war ein treuer Schüler Nils Bohrs, aber er fühlte sich auch von Piagets Denken stark angezogen. Er kam oft nach Genf, und er erzählte mir viel von Piagets Theorien. Nun, nachdem ich mich ausgiebig mit Bohr beschäftigt habe und mich auch ein bißchen mit Piaget auskenne, sehe ich auch das Gemeinsame. Im Grunde genommen ist es die Bedeutung der Rolle des Menschen in der wissenschaftlichen Theorie. Was Piaget und Bohr hierüber sagen, ist doch grundverschieden von den Anschauungen der klassischen Physik. Für letztere ist die sogenannte galileische Idealisation maßgeblich, d. h. die Annahme, daß es eine vom Menschen unabhängige Realität gibt.

J.-Cl. B.: Eine Realität an sich?

I. P.: An sich, und die wir gedanklich erreichen können.

J.-Cl. B.: Wie bei Platon?

I. P.: Wie bei Platon auf… ja auf wunderbare Weise, nämlich dank der Übereinstimmung unserer Mathematik mit der Mathematik des Universums, also auf eine nicht weiter erklärbare Weise. Eine Ansicht, die auch Einstein teilte: eine vom Menschen unabhängige Realität, zu der wir dank der Wissenschaft Zugang haben. Es gibt hierzu eine berühmte Diskussion zwischen Einstein und dem großen indischen Dichter und Philosophen Tagore. Tagore sagte zu Einstein: »Wenn es eine solche Realität gibt, wie können wir von ihr wissen, wie können wir Kenntnis des Absoluten erlangen?« Anders Bohr und Piaget, die nicht müde werden, uns zu zeigen, daß

---

3 Neben den Antworten, die Piaget selbst während des Symposiums auf diese Einwendungen gegeben hat, findet der Leser eine Erwiderung auf diese Kritik in den Ausführungen des Physikers Rolando Garcia, wie sie in diesem Buch wiedergegeben sind. R. Garcia spricht davon, daß ein System determiniert ist, ohne deswegen vorhersagbar zu sein.

wir stets an die Beschreibung gebunden sind, die wir vom Universum geben. Mit anderen Worten, wir stehen stets in diesem Beschreibungszusammenhang. Sie fragen mich: »Warum wissen wir nicht, wie sich bestimmte Dinge ereignen?« Nun, wir haben eben nicht die Rolle Gottes in diesen Beschreibungen. Wir geben eine bestimmte Beschreibung der Natur gemäß unserem spezifischen Standpunkt. Gewiß kann man sich dabei sagen: Gott weiß, was sich ereignen wird, aber das ist nicht unser Forschungsgegenstand. Wir wollen nicht Physik treiben, wie Gott es tun würde. Wir treiben die Physik, die uns von unserer Perspektive als menschliche Wesen möglich ist, bedingt durch eine bestimmte biologische Konstitution...[4]

Und das ist kein Subjektivismus. Ganz im Gegenteil, wir erkennen damit nur unsere Position innerhalb der Beschreibung an, die wir von der Wirklichkeit liefern.

J.-Cl. B.: Das ist also nur realistisch?

I. P.: Das ist Realismus reinsten Wassers. Und unsere Beschreibung wird damit in sich schlüssig. Wir beschreiben die Welt, wir beschreiben die Objekte in dieser Welt, und wir sind selber ein Objekt in dieser Welt.

---

4 Das ist der entscheidende Punkt, in dem sich alle einig sind. Und Piaget ist der erste, der ihn zum Schlußstein des ganzen Systems gemacht hat. Ich erinnerte mich noch an seine Worte am Ende unserer Gespräche im Jahr 1969: »Für mich gehört die Mathematik zur Natur, und die Natur schließt den menschlichen Verstand mit ein, der die Mathematik mit Hilfe eines Organismus, eines Nervensystems und des gesamten umgebenden Organismus durcharbeitet. Dieser Organismus ist ebenfalls Teil der physischen Natur, so daß die Mathematik und die Realität ihre Übereinstimmung im Organismus und nicht in der physischen Erfahrung der dinglichen Welt finden. Der menschliche Verstand ist ein Produkt der biologischen Organisation, ein raffiniertes und überlegenes Produkt natürlich, aber ein Produkt wie andere.«

ZEHNTES GESPRÄCH

Die Phänokopie

Eines Tages werden sich die Phänomene des Geistes als homolog zu den Phänomenen des Lebens herausstellen.
Friedrich Engels

Jean-Claude Bringuier: Eigentlich kann man Ihre Theorie mit einem einzigen Begriff zusammenfassen, den Sie einmal im Gespräch mit mir gebraucht haben, nämlich mit dem des Konstruktivismus.

Jean Piaget: Ja, das stimmt. Die Erkenntnis ist weder eine Kopie des Objekts noch eine Bewußtwerdung von Formen a priori, die im Subjekt bereits vorherbestimmt wären. Vielmehr ist sie ein Prozeß ständiger Konstruktion, und zwar in biologischer Hinsicht zwischen Organismus und Umwelt und in kognitiver Hinsicht zwischen dem Denken und seinem Erkenntnisgegenstand.

J.-Cl. B.: Sie haben gerade das Wort Biologie gebraucht. Sind Sie zur Biologie zurückgekehrt?

J. P.: Von Rückkehr kann keine Rede sein, ich habe sie ja nie verlassen.

J.-Cl. B.: Die Biologie ist Teil Ihrer Forschungen...

J. P.: Ja, freilich. Aber ich habe Neues gefunden. (Pause. Er überlegt, wie er es am besten erklären kann.) Die Hauptschwierigkeit in der Frage der Erkenntnis, da diese nun einmal kein Abklatsch der Wirklichkeit, keine Kopie der Objekte ist, besteht darin, wie sie die Wirklichkeit rekonstruiert. Anders gesagt, man muß den realen Gegenstand kennen, das ist selbstverständlich, aber so, daß man ihn durch endogene Deduktion und Konstruktion wieder herleiten kann. In der Biologie heißt die Frage, wie die Beziehung

165

zwischen dem Organismus und der Umwelt zu erklären ist, eine Beziehung, die für Lamarck noch einfach war, da er an die Vererbung erworbener Eigenschaften glaubte, das Erworbene war für ihn eine Funktion der Umwelt.

J.-Cl. B.: Davon ist man abgekommen.

J. P.: Gewiß, da man keine Belege für die Vererbung erworbener Eigenschaft gefunden hat, erklärte man alles nach neodarwinistischem Muster durch zufallsbedingte Varianten, spontane Mutationen usw., auf die dann die Selektion der tauglichsten Individuen folgt, als ob diese Folge von Selektionen eine hinreichende Erklärung für eine genaue Anpassung an die Umwelt abgeben würde.

J.-Cl. B.: Sie finden das unbefriedigend.

J. P.: Erstens scheint mir diese Denkweise, auf das Feld der Psychologie übertragen, nicht einleuchtend. Es liefe auf die Behauptung hinaus, daß alle Erkenntnis mit Zufällen beginnt und unsere Wissenschaft die Frucht einer Abfolge von Selektionen dieser Zufallserkenntnisse wäre, wobei die tauglichen behalten und der Rest ausgeschieden würden. Damit verliert die Erkenntnis jede innere Notwendigkeit. Und zweitens halte ich eine solche Erklärung im Blick auf das menschliche Erkenntnisvermögen und auf die Erkenntnistheorie allgemein, die mein Forschungsfeld ist, aber auch im Bereich des tierischen Verhaltens, das ja ebenfalls eine Form der Erkenntnis ist, für sehr unbefriedigend.

J.-Cl. B.: Was aber dann?

J. P.: Nun, für bestimmte Fälle konnte man etwas nachweisen, was C. H. Waddington die genetische Assimilation, andere die Phänokopie genannt haben. Damit ist der Wandel einer Variation gemeint, die anfangs nicht erblich, also phänotypisch ist, zu einer genotypischen, also erblichen.

J.-Cl. B.: Sie wollen mir doch nicht erzählen, daß Sie sich nach fünfzig Jahren wieder die Schlammschnecken vorgenommen haben!

J. P.: Mein Interesse für die Schlammschnecken erwachte von neuem, als ich das letzte Buch von Waddington aufschlug, das er mir kurz vor seinem Tod freundlicherweise geschickt hat und dessen Titel *The evolution of an evolutionist** lautet. Dort habe ich mit Vergnügen entdeckt, daß er ein ganzes Kapitel meinen Schlammschnecken gewidmet hat. Für ihn ist diese Beobachtung der sicherste Beleg für das, was er die genetische Assimilation in der Natur nennt. Im Labor ist das Phänomen wohlbekannt, aber hier ist es auch in der Natur belegt. Dabei handelt es sich, vereinfacht gesagt, um eine Art, die in stillen Gewässern eine längliche Schalenform, in den großen Seen mit starken Strömungen hingegen eine gedrungene Form hat. Der Grund dafür leuchtet ein, denn bei jedem Stoß, jeder Welle drängt sich das Tier gegen den Fels, damit vergrößert es die Öffnung wie im Wachstum; zugleich zieht es den Muskel an, der an der Schale befestigt ist, dadurch verkürzt sich die Schale im Vergleich zu den in Sümpfen lebenden Lebensformen. Diese gedrungenen Formen, lacustris genannt, können nur phänotypisch sein, d. h., im Aquarium gehalten, zeigen die Nachkommen wieder die längliche Gestalt der Schlammschnecken, aber andere, die in den unruhigen Gewässern der großen Seen wie dem Genfer und Neuenburger See oder dem Bodensee beheimatet sind, behalten ihre Form. Bei der Aufzucht im Aquarium zeigen sie die gedrungene Form, ebenso wenn sie in Teiche ausgesetzt werden, wie ich es auf der Hochebene im Kanton Waadt getan habe. Hier haben wir also den typischen Fall einer phänotypischen Form, die sich ursprünglich nur in bestimmten, genau abgegrenzten Biotopen herausbildet und die nun von einem Genotyp der gleichen Form ersetzt wird. Was ich aber vor allem untersucht habe, sind die Seda…

J.-Cl. B.: Die Gartenpflanzen.

J. P.: …und ich habe bei ihnen Fälle von Phänokopien in dem Sinn gefunden, von dem ich vorhin sprach. Um ein einfaches Beispiel zu nehmen: eine gewöhnliche Art Sedum erreicht nur eine Kümmerform, wenn sie in einer Höhe von 1900 bis 2000 Meter

---

* Conrad Hall Waddington: *The evolution of an evolutionist*, Edinburgh 1975.

wächst. Diese Form wird aber nicht vererbt. In die Ebene ver-
pflanzt, erreicht sie wieder ihre normale Größe. Nur auf zwei oder
drei Gipfeln gibt es eine kleinwüchsige Variante, die stabil scheint.
Auch in der Ebene – und ich ziehe sie seit Jahren in meinem Garten – behält sie die Kümmerform des Hochgebirges. In jeder Hinsicht.

J.-Cl. B.: Bedeutet das nicht einen Umbruch in der biologischen
Tradition? Mit einem Mal kommt die Vererbung erworbener Eigenschaften wieder in die Diskussion.

J. P.: Moment, nicht so schnell. Es kommt darauf an, wie sie diese
Tatsache erklären. Wenn Sie darin eine direkte Wirkung der Umwelt auf das Genom sehen...

J.-Cl. B.: Das ist Neolamarckismus!

J. P.: Allerdings, das wäre Lamarckismus und nichts weiter. Wenn
Sie es aber wie Waddington mit seiner genetischen Assimilation
erklären oder wie ich mit dem Begriff der Phänokopie, dann handelt es sich um eine Rekonstruktion durch Selektion, aber eine
Selektion, die meiner Ansicht nach durch das innere Milieu bedingt ist. Der Phänotyp im Hochgebirge...

J.-Cl. B.: Definieren wir noch einmal den Phänotyp.

J. P.: Der Phänotyp ist die nicht vererbliche Variation. Ein Erschei-
nungsbild, das in einer bestimmten Umwelt auftritt und das sich
verändern kann, wenn die Umwelt eine andere ist. Der Phänotyp
wirkt also durchaus nicht direkt auf das Genom, aber er beeinflußt
das innere Milieu. Während des Wachstums, nicht wahr, wird das
innere Milieu und das epigenetische Milieu...

J.-Cl. B.: Das Zellmilieu.

J. P.: Nicht nur das Zellmilieu, der ganze Organismus wird durch
den Phänotyp verändert. Bei einem Ungleichgewicht, bei einer er-
heblichen Störung des inneren Milieus, werden die steuernden
Gene schließlich sensibilisiert, und neue Variationen entstehen,
genetische, durch das Genom.

J.-Cl. B.: Weil das Gen selbst verändert wird?

J. P.: Nein, weil es registriert, daß irgendeine Störung vorliegt.

Nicht, daß eine Information übertragen würde, wie Lamarck glaubte, denn das Genom weiß nichts über die Abläufe im Soma, geschweige denn über das, was in der Außenwelt passiert. Tritt aber ein Ungleichgewicht ein, dann kann dies nach und nach zu Mutationen führen, die wiederum durch das innere Milieu, das dem Einfluß des Phänotyps unterliegt, selektiert werden. Auch hierbei handelt es sich um Selektion, aber nicht mehr im groben Sinn des Überlebens des Tauglichsten. Vielmehr haben wir es mit einer Adaptation an ein inneres Milieu zu tun, das neue Rahmenbedingungen stellt und an das sich die genotypische Artenvariation durch innere Selektion anpassen muß.

J.-Cl. B.: Diese Adaptation wäre dann so etwas wie ein biologischer Fortschritt und fast schon eine Finalität.

J. P.: Gewiß, eine Finalität im Sinne der Teleonomie, von der Jacques Monod spricht. Jedem epigenetischen System liegt ein Programm zugrunde, und dieses Programm hat selbstverständlich eine Richtung. Das Interessante daran ist die endogene Rekonstruktion im Rahmen einer phänotypischen Variation. Die Umwelt übt keinen direkten Einfluß auf das Genom aus.

J.-Cl. B.: Eine interne Prüfung durch…

J. P.: Eine Rekonstruktion. Und nun sehen Sie sogleich die Parallele zu meiner Auffassung auf dem Feld der kognitiven Entwicklung. Jeder Fortschritt in unserem Erkennen, jeder neue Schritt in der Intelligenzentwicklung, jede Veränderung in unserer Erkenntnis geht stets auf eine endogene Rekonstruktion äußerer Daten zurück, die uns unsere Sinnesorgane liefern.

J.-Cl. B.: Was an Ihnen immer wieder verblüfft, ist das Bedürfnis nach Kohärenz, nach Vernetzung…

J. P.: Wenn man als Biologe angefangen hat und dann Erkenntnistheoretiker geworden ist, hat man keinen Grund, nicht kohärent zu sein. Das sind nicht zwei getrennte Fächer, denn man hat es mit denselben Problemen zu tun. Die Intelligenz ist eine Anpassung an die Umwelt wie jede biologische Anpassung.

J.-Cl. B.: Tritt Kohärenz an die Stelle von Unordnung? Wie Sie wissen, ist heutzutage in der Informatik viel von Unordnung die Rede, eine schöpferische Unordnung allerdings. Als banales Beispiel aus dem Marketing sei nur das Brainstorming genannt... Gibt es in Ihrem System auch Platz für die Unordnung, das freischweifende Denken, Sie verstehen, was ich meine?

J. P.: Ja, ich denke schon. Aber ich würde nicht den Begriff der Unordnung wählen, sondern eher den der Lücke und des möglichen Widerspruchs. Wenn die biologische Entwicklung und die Entwicklung des Erkennens zwei vollkommen heterogene Systeme bildeten, dann, allerdings, sähe ich eine unüberwindliche Unordnung. Um eine solche Inkohärenz zu vermeiden, bin ich stets auf der Suche nach Verbindungen zwischen benachbarten oder ganz unterschiedlichen Wissenschaftszweigen.

J.-Cl. B.: Und diese Suche hat kein Ende?

J. P.: Das ist klar.

J.-Cl. B.: Zum Thema menschliche Intelligenzentwicklung haben Sie mir einmal von der jungen Katze erzählt, die anfangs viel rascher als das Baby lernt, deren Lernfähigkeit dann aber zum Stillstand kommt. Es nützt ihr also nichts, schneller zu sein.

J. P.: Ja.

J.-Cl. B.: Wir Menschen brauchen also sehr lange, um das Leben und alles Wissenswerte zu kennen. Lernen wir ein Leben lang? Sind wir ständig und bis an unser Lebensende offene, lernbereite Systeme?

J. P.: Das ist das Ideal, dem ich persönlich gern nahekommen würde: bis ans Ende Kind zu bleiben. Die Kindheit ist die schöpferische Phase par excellence!

J.-Cl. B.: Es heißt, und das ist eine verwandte Idee, daß der Mensch »unfertiger« als z. B. der Affe zur Welt kommt. Ist das auch der Grund, weswegen er weiter vorankommt? Ist es ein Kennzeichen des Menschen, eine Öffnung zu zeigen?

J. P.: Erläutern Sie Ihren Gedanken ein wenig, ich sehe noch nicht ganz, was Sie meinen.

J.-Cl. B.: Eine Öffnung, d. h. die Möglichkeit, sich jederzeit auf ein neues Gleichgewicht einpendeln zu können, wie Sie sagen.

J. P.: Ja, das ganz bestimmt.

J.-Cl. B.: Etwas in ihm ist grundsätzlich offen.

J. P.: Bei allem, was man in einem bestimmten Gebiet an Neuem findet, fragt man sich doch, ob es nicht Auswirkungen auch auf benachbarte Gebieten haben könnte. Wenn Sie das mit Öffnung meinen, und was ich als Lücke bezeichne, dann glaube ich allerdings, das wir so in unserer Erkenntnis vorgehen.

J.-Cl. B.: Ist das nicht auch der Erkenntnisweg der Wissenschaften? Dort werden auch Randphänomene, nicht beachtete, scheinbar zufällige Tatsachen zu Auslösern…

J. P.: Zweifellos. Erst wenn man den Mut hat, das, was sich der Regel sträubt, genau anzuschauen, findet man Neues.

J.-Cl. B.: Braucht man dafür einen Widerpart, der einem sagt: »Da irrst du dich«, oder meldet sich der Widerspruch in einem selbst?

J. P.: Nicht immer. Im allgemeinen ist es schon nützlich, von anderen Widerspruch und Kritik zu hören, aber wenn man redlich ist, kommt man auch allein darauf.

J.-Cl. B.: Nützt Ihnen Kritik viel? Ich habe eigentlich nicht den Eindruck, oder?

J. P.: Ich gelte als besonders systematischer Autor… der sich in allem, was er behauptet, vorher stets absichert, damit ihm nicht im weiteren widersprochen werden kann.

J.-Cl. B.: Was halten Sie von dieser Einschätzung?

J. P.: Sie trifft zu.

J.-Cl. B.: Dann nützt Ihnen Kritik also nichts?

J. P.: Ich merke selber, was man gegen meine Behauptungen einwenden könnte, aber das behalte ich für mich.

J.-Cl. B.: Sie heben sie sich für später auf…

J. P.: Oh, ich mache sie mir zunutze… (Er lacht.)

J.-Cl. B.: Ich denke daran, wie Sie hartnäckig immer wieder auf von Ihnen oder anderen erkundete Forschungsfelder zurückkommen.

J. P.: Daß ich immer wieder auf dieselben Bahnen zurückkehre?

J.-Cl. B.: Ja, oder vielmehr, daß Sie auf denselben Erkenntnisgegenstand, aber auf verschiedenen Ebenen zurückkommen. Nehmen wir z. B. das Verhalten: das ist ein Begriff und eine Idee, die Sie seit Ihren Anfängen verfolgen… Guy Cellerier sagt: »In der ganzen Theorie hat im Grunde das Verhalten den Primat…«

J. P.: Ich habe kürzlich ein kleines Buch geschrieben, in dem ich eine Auffassung vertrete, die den meisten Biologen vielleicht überzogen scheint, aber an die ich fest glaube. Danach ist das Verhalten der wichtigste Antrieb der Evolution.[1]

J.-Cl. B.: Und nicht etwa was?

J. P.: Nicht etwa die physikalisch-chemischen Prozesse auf biochemischer Ebene. Wie Jacques Monod sehr richtig gesagt hat: die wichtigste Eigenschaft des Organismus ist physiologisch gesehen die Konstanz, und jede Variation ist nur ein Patzer des Erhaltungsmechanismus. Mir scheint das sehr einleuchtend für die elementaren physiologischen Tatsachen des Organismus. Hier besteht kein Anlaß zur Variation, wenn er gut angepaßt ist. Wohingegen das Verhalten ständig zur Überschreitung des Bestehenden neigt. Die beiden Zwecke des Verhaltens, und hier darf man ruhig von Zwecken reden, denn jedes Verhalten verfolgt einen Zweck, nicht wahr…

J.-Cl. B.: Das macht das Interesse am Leben aus.

J. P.: Die beiden Zwecke des Verhaltens sind also: 1) Ausweitung des Milieus, Ausdehnung über das unmittelbare Umfeld hinaus. Dafür gibt es viele Gründe, und sei es nur aus Vorsicht, um mögliche Feinde rechtzeitig auszumachen…

J.-Cl. B.: Vorräte anlegen.

J. P.: Vorräte anlegen usw. Also: 1) Ausweitung des Milieus; 2) Vergrößerung der Macht des Organismus über das Milieu.

---

1 *Le comportement, moteur de l'évolution*, Paris 1976. Dt. Übers.: *Das Verhalten, Triebkraft der Evolution*, Salzburg 1980.

J.-Cl. B.: Das Beutemachen.

J. P.: Ja, Beutemachen, Fähigkeit zum Ortswechsel usw. Unter vielen Argumenten hierfür gibt es eines, das ich besonders schlagend finde, nämlich die Tatsache, daß auch unter Pflanzen ein Verhalten existiert. Es gibt Blumen, die sich der Sonne zuwenden usw. Aber Pflanzen sind an ihren Ort gebunden und können nicht auf ihr Milieu so einwirken wie Tiere. Anders gesagt, ihr Verhalten ist extrem eingeschränkt. Nun scheint mir, verglichen mit der Evolution der Tiere, die Evolution der Pflanzen erheblich geringer zu sein. Es gibt sehr viel weniger Unterschiede zwischen einem Moos und einer Orchidee als zwischen einem Regenwurm und einem Schimpansen.

J.-Cl. B.: Die Vielfalt der möglichen Verhaltensschemata hat also die Evolution vorangetrieben?

J. P.: Der möglichen und tatsächlich ausgeübten! Ja, ganz richtig.

Das Gedächtnis

Jean Piagets Entführung

Jean-Claude Bringuier: Haben Sie außerhalb des Zentrums für geneti-sche Erkenntnistheorie noch weitere Forschungen betrieben?

Jean Piaget: Ja, ich habe die gemeinsame Forschungsarbeit mit Bärbel Inhelder weitergeführt; in unserem letzten Projekt haben wir uns mit dem Verhältnis zwischen Gedächtnis und Intelligenz befaßt.[1] Die Frage lautete, ob das Gedächtnis im wesentlichen auf der mehr oder weniger passiven Wiedergabe von vorangegangenen Wahrnehmungen beruht, oder aber ob es eine Rekonstitution einer Vergangenheit ist, die zum Teil vergessen ist und daher vervollständigt werden muß. Eine solche Rekonstitution würde dann teils konzeptuell konstruierend und teils schlußfolgernd vorgehen.

J.-Cl. B.: Das steht in ziemlicher Nähe zu dem, was Sie mir über die Reflexion und die Bewußtwerdung berichtet haben.

J. P.: Ganz richtig. Wir haben hier ein analoges Problem mit Bezug auf das Gedächtnis. Letzteres gilt als das getreue Abbild von etwas

1 B. Inhelder, erst Schülerin, dann Mitarbeiterin Jean Piagets, hat einen bedeutenden Anteil an der Ausarbeitung der konstruktivistischen Theorie. Ihr Interesse lag vor allem auf dem Feld der Strategie und Funktionsweise des Erkennens. Für ihre Forschungen zur Logik des Kindes und Heranwachsenden, zur Frage des Lernens – letzteres gemeinsam mit H. Sinclair – hat sie neue Experimentalreihen entwickelt und groß angelegte technische Vorrichtungen zur Durchführung der Experimente erfunden.

Vergangenem, das lediglich von der Erinnerungsarbeit kopiert wird, also als dessen aktuelle Wiedergabe.

J.-Cl. B.: Das ist es aber in Wirklichkeit nicht...

J. P.: Nein, überhaupt nicht. Wir haben die verschiedenen Stadien des Gedächtnisses bei operativen Problemen untersucht und festgestellt, daß das Kind sich an Dinge, die ihm gezeigt wurden, nicht so erinnert, wie es sie gesehen hat, sondern so, wie es sie begreift. Ein schönes Beispiel bietet die Reihenbildung. Einem Kind werden Stäbchen vorgelegt, die eine bestimmte Anordnung aufweisen, zum Beispiel eine Reihe vom kleinsten zum größten in regelmäßigen Schritten. Dem Kind wird folgende Anweisung gegeben: »Schau dir das in Ruhe an. Dann decken wir es zu, und du zeichnest, was du gesehen hast, ohne daß du es noch einmal siehst, nur aus der Erinnerung.« Das Kind schaut sich die Reihe eine Weile an. Dann, zehn Minuten darauf, soll es eine Zeichnung machen. Ein andermal ist es eine Stunde später. Die Zeichnungen sind frappierend. Was das Kind in dem dargebotenen Material gesehen zu haben glaubt, entspricht genau der Art und Weise, wie es selbst eine Reihe bildet. In einem ersten Stadium kann man noch gar nicht von Reihung sprechen, das Kind stellt aus den Stäbchen Paare zusammen, ein kleines und ein großes, ein kleines und ein großes, ohne Koordination zwischen den Gruppen. Im Ergebnis sieht es völlig unregelmäßig aus, aber es sind stets Paare. Dann kommen Dreiergruppen, ein kleines, ein mittleres und ein großes Stäbchen. Dann erscheinen erstmals Reihungen, allerdings unvollständige, statt zehn Stäbchen sind nur fünf wohlgeordnet, an die übrigen kann sich das Kind nicht erinnern. Abschließend kommt dann die vollständige Reihung. Fazit: die Reihungen entsprechen genau dem jeweiligen Stadium, in dem sich das Kind mit seinen konstruktiven Fähigkeiten befindet; sie entsprechen in keiner Weise dem Wahrnehmungsbild. Das Gedächtnis gibt also wieder, was das Kind selber hätte tun können oder müssen, um das vorgegebene Muster zu rekonstruieren.

178

J.-Cl. B.: Hält es sich also treu an seine gegenwärtigen Fähigkeiten und nicht an das, was es in der Vergangenheit gesehen hat?

J. P.: Ganz genau! Es rekonstruiert das Vergangene nach dem gegenwärtigen Muster. Das Amüsante daran ist, wenn man das Kind drei oder sechs Monate später – ohne daß es in der Zwischenzeit die Muster erneut gesehen hätte – wieder fragt: »Erinnerst du dich an das, was ich dir gezeigt habe?«, dann sagt es: »Ja, natürlich, das war eine Reihe Stäbchen.« »Dann zeichne doch einmal, wie sie aussahen.« Und nun, drei oder sechs Monate später, ist die Erinnerung sehr viel besser als nach zehn Minuten oder einer Stunde. Mit anderen Worten, das Gedächtnis entspricht nicht dem Bild des Objekts, sondern dem Handlungsschema, das zur Konstruktion des Objekts erforderlich ist. Da sich das Handlungsschema im Lauf der letzten sechs Monate weiterentwickelt hat, rekonstruiert das Kind nun ein Objekt, das man ihm früher gezeigt hat, das es aber zum damaligen Zeitpunkt nur schlecht wiedergeben konnte, nun nach dem aktuellen Handlungsschema. Von den vielen Kindern, die an diesem Experiment teilgenommen haben, hatten 75 Prozent Fortschritte im Vergleich zur unmittelbaren Erinnerung gemacht. Diese Beobachtung wurde nicht nur bei der Reihung, sondern auch bei vielen anderen operativen Schemata gemacht.

J.-Cl. B.: In welchem Alter ist das ungefähr?

J. P.: Zwischen fünf und acht Jahren. Mit acht ist schon bald danach ein Fortschritt feststellbar.

J.-Cl. B.: Haben diese Beobachtungen auch Relevanz für andere Formen des Gedächtnisses? Etwa für Erinnerungen aus dem affektiven Bereich?

J. P.: Aber unbedingt! Sie haben mich vorhin nach meinen Vorbehalten gegenüber der Freudschen Theorie gefragt. Ich habe großes Mißtrauen gegenüber Kindheitserinnerungen, die Psychoanalytiker als Deutungsmaterial benutzen, da ich überzeugt bin, daß sie zum großen Teil rekonstruiert sind. Ich gebe Ihnen auch ein Beispiel.

(Zum Verständnis der folgenden Anekdote muß man wissen, daß

179

Jean Piaget einen Teil seiner Kindheit bei einer französischstämmigen Großmutter in Paris verbracht hat. Sie wohnte in der Avenue d'Antin, der heutigen Avenue Franklin-Roosevelt.)
Ich habe eine Kindheitserinnerung, die geradezu spektakulär wirkt, da sie in ein Alter zurückreicht, an das man normalerweise keine Erinnerung hat, d.h. die Zeit, als ich noch im Kinderwagen lag und von einer Kinderfrau spazierengefahren wurde. Unsere Promenade führte über die Champs-Élysées, und dann, auf der Höhe des Rond-Point, wäre ich um ein Haar entführt worden: ein Mann hat versucht, mich aus dem Kinderwagen zu ziehen. Er hatte jedoch nicht mit dem Gurt gerechnet, der mich im Wagen festhielt, und mit der Beherztheit meiner Kinderfrau, die mich mit Gewalt verteidigte. Sie wurde von dem Kerl an der Stirn verletzt. Der Vorfall hätte schlimm enden könnten, wenn nicht ein Gendarm vorbeigekommen wäre. Ich habe die Szene vor Augen, als wäre sie gestern gewesen: damals trugen die Gendarmen noch einen Umhang, der bis hierher reichte (Geste mit der Hand), und sie waren mit einem weißen Stock bewaffnet. Der Kerl machte sich aus dem Staub. Soweit so gut. Meine ganze Jugend über erinnerte ich mich daran, daß ich das Ziel einer versuchten Kindesentführung gewesen war. Dann, ich war wohl fünfzehn Jahre alt, bekamen meine Eltern einen Brief der Kinderfrau. Sie schrieb, sie sei bekehrt worden und habe das Bedürfnis, alle Sünden zu bekennen. Die Geschichte von dem Kindesraub sei reine Erfindung gewesen, die Verletzung an der Stirn habe sie sich selbst zugefügt. Sie wolle die Armbanduhr, die sie damals in Anerkennung ihres Mutes erhalten hatte, wieder zurückzugeben. An meiner Kindheitserinnerung war kein Körnchen Wahrheit. Eine Erinnerung von solcher Prägnanz, die mir noch heute gegenwärtig ist. Ich könnte Ihnen die Stelle auf den Champs-Élysées zeigen, wo sich alles abgespielt hat, ich sehe alles vor mir.
J.-Cl. B.: Das Ganze war eine Familienanekdote.
J. P.: Ich muß wohl, als ich vielleicht sieben oder acht Jahre alt war, mitbekommen haben, wie meine Mutter einer anderen Person er-

zählte, daß ich einmal um ein Haar entführt worden wäre. Ich habe die Geschichte meiner Entführung mitgehört, wahrscheinlich ist sie nur im Flüsterton erzählt worden, wer berichtet einem Kind schon offen, daß es beinahe entführt worden wäre, das könnte es ja erschrecken. Doch ich hatte wohl genug gehört, um daraus ein visuelles Erinnerungsbild zu konstruieren, ein so schönes, daß es mir auch heute noch lebhaft vor Augen steht, wie wenn ich alles tatsächlich erlebt hätte.

J.-Cl. B.: Es hat sich in ihr Gedächtnis eingegraben.

J. P.: Ja. Aber nehmen wir einmal an, die Erinnerung sei zutreffend gewesen. Alles habe sich so zugetragen, wie die Kinderfrau berichtet hatte. Auch dann wäre es keine unmittelbare Erinnerung, sondern eine Rekonstruktion anhand der Erzählung, die ich später gehört habe. Von daher bin ich einigermaßen mißtrauisch gegenüber Kindheitserinnerungen. Ich weiß zwar, daß man als Psychoanalytiker auch die Art und Weise, wie ein Kind seine Erinnerungen oder ein Erwachsener seine Kindheitserinnerungen rekonstruiert, bei der Deutung in Ansatz bringen kann. Aber ich glaube nicht, daß es reine Erinnerungen sind. So etwas gibt es gar nicht. Erinnerungen sind in mehr oder weniger hohem Grad Rekonstruktionen.

J.-Cl. B.: Darauf könnte ich, wenn ich Psychoanalytiker wäre, wohl entgegnen, daß die psychoanalytische Erfahrung gerade darin besteht, unabhängig von Verzerrungen, die aus späteren Lebensepochen stammen, das tatsächliche damalige Ereignis erneut zu erleben dank des Phänomens der Übertragung usw. Das wäre doch eine Entgegnung auf ihre Kritik, oder?

J. P.: Nein, denn was Sie durch diese Operation erhalten, ist der Begriff, den sich das Subjekt von seiner Vergangenheit macht, und kein direktes Wissen über diese Vergangenheit. Wie Erikson, glaube ich, einmal sagte, übrigens kein orthodoxer Psychoanalytiker, dem ich aber voll und ganz beipflichte, die Vergangenheit wird nach der Gegenwart rekonstruiert, so wie die Gegenwart durch die Vergangenheit gedeutet wird. Beides bedingt sich wechselseitig.

Wohingegen in der orthodoxen Psychoanalyse die Vergangenheit das gegenwärtige Verhalten des Erwachsenen determiniert. Die Vergangenheit kennen wir aber nicht anders als durch Erinnerungen, die wiederum aus dem Zusammenhang unserer Gegenwart rekonstruiert sind und für die die Gegenwart den Maßstab abgibt.

J.-Cl. B.: Und durch die Geschichte der Erinnerungen an die Erinnerungen.

J. P.: Ja, allerdings. Damit will ich nicht sagen, daß das alles ohne Interesse sei, aber es ist eben weitaus verwickelter und erlaubt keine direkte Verwendung von Kindheitserinnerungen.

J.-Cl. B.: Darf man also sagen, wenn Sie eine Kritik an der Psychoanalyse zu formulieren hätten, dann würden Sie ihr keinen grundlegenden Irrtum vorwerfen, sondern einen Mangel an methodischem Raffinement…

J. P.: Ja. Ich glaube, in der Psychoanalyse liegt eine tiefe Wahrheit, aber alles an ihr muß im Licht der zeitgenössischen psychologischen Forschung neu durchdacht und überprüft werden.

J.-Cl. B.: Hat es Sie nie gereizt, sich einer Analyse zu unterziehen?

J. P.: Aber ich habe mich analysieren lassen!

J.-Cl. B.: Sie haben sich analysieren lassen?

J. P.: Nun, man muß doch wissen, wovon man redet.

J.-Cl. B.: Sie haben also…

J. P.: Ich habe mich einer Lehranalyse unterzogen, die eine direkte Schülerin Freuds vornahm. Jeden Morgen um acht Uhr, und das acht Monate lang.

J.-Cl. B.: Hier?

J. P.: In Genf. Von einer Schülerin Freuds, die er selbst analysiert hatte. Ja, freilich habe ich mich analysieren lassen, sonst würde ich darüber gar nicht reden!

J.-Cl. B.: Und warum haben Sie mit der Analyse aufgehört?

J. P.: Ich habe aufgehört, weil… Nun, mich hat alles, was ich dabei erfahren habe, lebhaft interessiert. Es war schon erstaunlich, alle Komplexe wiederzufinden, die man in bezug auf sich selbst so hat… Aber meine Analytikerin merkte bald, daß ich für die dahinterstehende Theorie nicht einzunehmen war, daß sie mich niemals würde überzeugen können. Dann hat sie mir gesagt, unter diesen Umständen habe es keinen Zweck, weiterzumachen.

J.-Cl. B.: Sie setzten ihr also einen Widerstand im Grundsätzlichen entgegen?

J. P.: Ja, aber nur, was die Theorie betrifft, ganz und gar nicht in der Praxis. Meine Analytikerin stammte aus Osteuropa. Sie war von der Internationalen Psychoanalytischen Gesellschaft nach Genf geschickt worden, um die Freudsche Lehre zu verbreiten. Das war 1921. Ich war damals ganz beglückt, das Versuchskaninchen sein zu dürfen. Wirklich, das Ganze interessierte mich lebhaft. Etwas anderes war es mit der Theorie. Ich sah keine Notwendigkeit, die Tatsachen, die mir die Analyse enthüllte, gerade so zu interpretieren, wie es die Freudsche Theorie verlangte. Nicht ich, meine Analytikerin hat die Analyse abgebrochen.

J.-Cl. B.: Aber was hat sie denn bei Ihnen gestört?

J. P.: Da es sich um keine Therapie handelte und auch nicht um eine Lehranalyse im eigentlichen Sinn – ich wollte ja nicht Psychoanalytiker werden –, sondern eine Maßnahme zur weiteren Verbreitung der Freudschen Theorie, war sie zu der Überzeugung gekommen, daß es sich nicht lohnte, jeden Tag eine Stunde an einen Herrn zu investieren, der die Theorie nicht schlucken wollte.

J.-Cl. B.: Wäre es nach Ihnen gegangen, hätten Sie weitergemacht?

J. P.: Also mich hat das mächtig interessiert! Ich bin z. B. überhaupt nicht visuell begabt. Ich könnte Ihnen nicht sagen, welche Farben die Tapeten in meinem Arbeitszimmer haben, wenn ich nicht davorstehe. Um so stärker war ich davon beeindruckt, wie viele visuelle Eindrücke mit den Kindheitserinnerungen plötzlich wiederkamen.

J.-Cl. B.: Ach ja? Und die Farben?

J. P.: Farben soviel Sie wollen. Während ich auf der Couch lag, hatte ich ein visuelles Gedächtnis von verblüffender Präzision. Ich sah vergangene Szenen vor mir, die, wie ich bereits sagte, zum Teil rekonstruiert waren, aber mit dem ganzen Kontext, einschließlich der Formen und Farben, mit einer Genauigkeit, die ich mir außerhalb der psychoanalytischen Sitzungen nicht zugetraut hätte.

J.-Cl. B.: Gibt es Gründe, weshalb Sie das Visuelle weitgehend vernachlässigen?

J. P.: Ich habe einen abstrakten Geist…

J.-Cl. B.: Ist das der Grund? Wollen Sie ungestört sein?

J. P.: Ich weiß es nicht. Nein, ich bin akustisch und motorisch begabt. Ich erinnere mich sehr gut an eine Melodie, die ich vor Jahren einmal gehört habe. Aber visuelle Eindrücke, nein.

J.-Cl. B.: Lieben Sie Musik?

J. P.: Ah, sehr sogar! Musik kann das Gehirn ganz ungemein anregen.

J.-Cl. B.: Sie hören sich Musik an, wenn Sie Probleme haben?

J. P.: Ja.

J.-Cl. B.: Ganz gleich welche Musik?

J. P.: Nein, durchaus nicht.

J.-Cl. B.: Was hören Sie sich denn an?

J. P.: Nun, entweder eine gut konstruierte Musik, die das Gehirn durch ihre kompositorische Logik anregt wie z. B. alle Stücke von Bach. Oder aber dramatische Passagen wie die Ankunft des Komturs in *Don Giovanni* oder Wotans Abschied in der *Götterdämmerung* oder Boris' Tod in *Boris Godunow*…

J.-Cl. B.: Was schätzen Sie denn daran, die großen Gefühle oder ihren musikalischen Ausdruck?

J. P.: Den musikalischen Ausdruck!

J.-Cl. B.: Zwischen Wagner und Bach liegen doch Welten.

J. P.: Ja, gewiß, aber ich höre sie mir, wenn ich das einmal so platt sagen darf, zu ganz verschiedenen Gelegenheiten an. Das Dramatische ist gut für Augenblicke, wo der ganze Mensch am Boden liegt und wieder neuen Schwung braucht.

J.-Cl. B.: Um wieder neue Energie zu tanken?

J. P.: Ja, um neue Energie zu tanken. Anders Bach, der besticht durch die Komposition. Bach ist für den Kopf, Wagner für den Bauch.

184

J.-Cl. B.: Und Mozart?

J. P.: Oh, Mozart ist für beides gut!

J.-Cl. B.: Aber in solchen Augenblicken hören Sie nicht eigentlich Musik, Sie hören die Musik ja nicht um ihrer selbst willen.

J. P.: Sicher, das ist schon wahr, aber ich glaube, man schafft es trotzdem.

J.-Cl. B.: Man hat die Musik sozusagen im Hinterkopf…

J. P.: Nein, nein, es gibt schon eine Synthese, beides bildet eine Einheit.

Über das Schöpferische

Die drei Methoden

Er zündet erneut seine Pfeife an. Ich schaue ihm zu.

Jean-Claude Bringuier: Besteht ein Unterschied zwischen der wissenschaftlichen Kreativität, wie Sie sie praktizieren, und den anderen Formen des Schöpferischen, etwa der Kreativität eines bildenden Künstlers oder eines Schriftstellers? Kann man das vergleichen?

Jean Piaget: Mir fällt es schwer, Ihnen darauf eine Antwort zu geben. Ich kenne diese anderen Formen des Schöpferischen nicht.

J.-Cl. B.: Haben Sie sich diese Frage schon einmal gestellt?

J. P.: Nein, noch nie. Vor ein paar Jahren haben Studenten der Johns-Hopkins-Universität in Baltimore eine Vortragsreihe über Fragen der Kreativität organisiert, und sie haben mich eingeladen, einen dieser Vorträge zu übernehmen. Damals habe ich über die Kreativität beim Kind gesprochen, das war selbstverständlich, aber die Studenten wollten wissen, wie ich meine eigenen Ideen finde. Die Frage machte mich ziemlich verlegen, denn damit hatte ich mich wenig beschäftigt. Immerhin, nach einigem Nachdenken habe ich ihnen gesagt, daß ich mich an drei Verfahren halte.

J.-Cl. B.: Genau drei?

J. P. (Er lacht.): Ja, drei. Erstens: nichts über das Gebiet lesen, mit dem man sich gerade beschäftigt. Die Lektüre kommt erst danach. Zweitens: so viel wie möglich über die Nachbargebiete lesen. Für das Studium der Intelligenzentwicklung sind das einerseits die Biologie und andererseits die Mathematik und Logik, aber auch die Soziologie usw., kurz, alles, was irgendwie mit dem Thema, über das man forscht, zusammenhängt. Drittens: man braucht ein rotes Tuch. Mein rotes Tuch ist der logische Positivismus. Ich war erfreut festzustellen, daß die amerikanischen Studenten Beifall klatschten, was beweist, daß diese Denkschule nicht mehr hoch im Kurs steht. Der logische Positivismus ist ein radikaler Positivismus, für den alles Erkennen aus der sinnlichen Wahrnehmung stammt und für den Logik und Mathematik aus der Sprache abgeleitet sind.

J.-Cl. B.: So ein rotes Tuch dient also als Antrieb, als Ansporn...

J. P.: Ja, selbstverständlich.

J.-Cl. B.: Könnten Sie noch etwas mehr über die beiden anderen Methoden sagen, also einerseits nichts über das Gebiet selbst lesen und andererseits viel drum herum lesen?

J. P.: Die erste Methode ist wohl klar. Wer die Beschäftigung mit einem neuen Gebiet damit beginnt, daß er alles liest, was über dieses Thema schon geschrieben wurde, wird viel Mühe haben, selbst Neues zu finden. Wer dagegen mit unverstelltem Blick an die Sache herangeht und erst später vergleicht, der wird entweder entdecken, daß er nur wiederholt, was andere schon vor ihm ausprobiert haben, oder aber er sieht Diskrepanzen zwischen seinem eigenen Vorgehen und dem der anderen. Und solche Diskrepanzen können fruchtbar sein.

J.-Cl. B.: Ich nehme an, daß Sie, wenn Sie Autoren lesen, die auf dem gleichen Gebiet arbeiten wie Sie, nicht brav lesen, sondern auswählen.

J. P. (lacht): Das ist eine höfliche Umschreibung für das Assimilieren fremder Gedanken.

J.-Cl. B.: Sie jagen gewissermaßen!

J. P.: Ganz richtig.

J.-Cl. B.: Sie finden Ihre Pirschwege und Reviere auch bei den anderen Autoren wieder, und das interessiert Sie.

J. P.: Ja, so könnte man sagen.

J.-Cl. B.: Aber im Grunde beeindruckt sie das Denken anderer Forscher wenig.

J. P.: Oh doch.

J.-Cl. B.: Aber nicht im methodischen Vorgehen.

J. P.: Wenn die Auffassungen voneinander abweichen, kann das sehr fruchtbar sein. Will man sehen, wer recht hat, muß man sich vor allem darum bemühen, über die Alternative hinauszukommen.

J.-Cl. B.: Und warum muß man drum herum lesen?

J. P.: Das Drumherum-Lesen ist wichtig, weil ich glaube, daß alle erkenntnistheoretische Forschung interdisziplinär sein muß. Es ist gar nicht möglich, die tatsächlichen Vorgehensweisen der Intelligenz von der Axiomatisierung und Formalisierung zu trennen, die der Logiker oder Mathematiker vornimmt. Man kann nicht das Individuum isoliert von seinem sozialen Milieu betrachten usw.

J.-Cl. B.: In der universitären Forschung ist aber alles fein säuberlich in Kästchen aufgeteilt; in der Lehre gibt es Fächer wie Soziologie, Biologie usw. Schöne Etiketten…

J. P.: Bleibt zu fragen, ob das ein Glück oder ein Unglück ist.

J.-Cl. B.: Ist es ein Unglück?

J. P.: Ja, kein Zweifel.

J.-Cl. B.: Damit kommen wir auf das zurück, was Sie früher schon einmal gesagt haben, daß alles, was man dem Kind beibringt, ihm die Chance nimmt, es selbst zu erfinden. Erfinden heißt, sich zwischen den Disziplinen bewegen.

J. P.: Ja, da haben Sie ganz recht.

J.-Cl. B.: Wenn wir den Horizont erweitern und auch die Politik im weitesten Sinne einschließen, dann könnte doch die Frage lauten, welches System geeignet oder am besten geeignet wäre, das oben skizzierte Lernideal zu verwirklichen. Wie müßte ein Staat oder eine Gesellschaft aussehen, die eine solche Bildung ermöglicht?

J. P.: Sie stellen mir Fragen, die über meine Kompetenz gehen.

J.-Cl. B.: Ja und nein. Sie sind zu bescheiden. Ich denke an das

Jahr, ich glaube es war 1952, als Sie sich in Melun mit Lichnerowicz und anderen trafen, wohl auch Dieudonné…

J. P.: Ja, Dieudonné.

J.-Cl. B.: Sie haben Grundsätze zu einer Neuordnung des Mathematikunterrichts formuliert.

J. P.: Nein, nein.

J.-Cl. B.: Worum ging es dann bei diesem Treffen?

J. P.: Nein, damals ging es um einen Vergleich der mentalen und der mathematischen Strukturen.

J.-Cl. B.: Und das fand keinen Niederschlag in der Gestalt von Richtlinien für den Mathematikunterricht?

J. P.: Nein.

J.-Cl. B.: Ach so, ich dachte. Denn der Umbruch kam doch bald darauf. Vielleicht nicht direkt, aber der moderne Mathematikunterricht, der sich nach und nach erfreulicherweise im ganzen Schulwesen durchgesetzt hat, stammt doch aus jenen Jahren, nicht wahr?

J. P.: Ja, in gewisser Hinsicht…

J.-Cl. B.: Und möglicherweise auch dank jenes Treffens?

J. P.: Teilweise. Ich konnte darlegen, daß die Strukturen, die das Kind ganz natürlich konstruiert, sehr viel mehr Ähnlichkeit mit der modernen Mathematik haben als mit der traditionellen Mathematik, die bis damals unterrichtet wurde. Sicherlich kann die Psychologie für die Mathematikdidaktiker nützlich sein. Nur ist dabei zu beachten, daß die moderne Mathematik auch mit modernen pädagogischen Methoden gelehrt wird und nicht mit der althergebrachten rigiden Disziplin. Der große Fehler…

J.-Cl. B.: Sonst bleibt es ein Fremdkörper.

J. P.: Ja, sicher. Der große Fehler, der von manchen Neuerern begangen wurde, bestand darin, viel zu früh mit der Formalisierung zu beginnen. Die Schüler waren noch gar nicht in der Lage, solche abstrakten Verfahren zu assimilieren. Die moderne Mathematik muß von den mentalen Strukturen des Kindes ausgehen, von den Wurzeln, die in ihm bereits angelegt sind im Blick auf Mengenlehre und Topologie. Wenn man dagegen diesen Prozeß übereilt und die Mathematik mit den ihr eigenen Methoden, d. h. mit formalisierenden und axiomatischen Verfahren, lehren will, dann verdirbt man alles.

J.-Cl. B.: Und dem Schüler wird etwas aufgepfropft.

J. P.: Ja, wieder wird aufgepfropft.

J.-Cl. B.: Sie haben gerade von den Wurzeln gesprochen, die im Kind angelegt sind. Wo beginnen diese Wurzeln, und welches Minimum ist vorhanden?

J. P.: Das beginnt noch vor dem Spracherwerb. Die schöpferischste Phase im Leben eines Menschen ist meiner Ansicht nach diejenige von der Geburt bis zum achtzehnten Lebensmonat. Es ist verblüffend…

J.-Cl. B.: Vom ersten Reflex…

J. P.: Ja, und die Begriffe von Raum und Zeit, die Kausalität, Gegenstandspermanenz usw.

J.-Cl. B.: Lernt man in dieser Periode mehr als im ganzen späteren Leben?

J. P.: Was Schnelligkeit und Fruchtbarkeit betrifft, habe ich immer gefunden, daß diese Periode das höchste Maß an Kreativität aufweist. Die kognitive Kreativität in Aktion, noch vor aller Sprache! Alles bis dahin Erworbene wird anschließend im Denken und in der Vorstellung auf begrifflicher Ebene rekonstruiert und restrukturiert.

J.-Cl. B.: Könnten die Etappen dieser Entwicklung nicht rascher aufeinander folgen?

J. P.: Das würde keinen Vorteil bringen.

J.-Cl. B.: Warum nicht?

J. P.: Weil jeder Mensch seinen Rhythmus hat, über den wir wenig wissen. Der optimale Rhythmus ist nie Gegenstand exakter Untersuchungen geworden.

J.-Cl. B.: Und die Geschwindigkeit?

J. P.: Die Geschwindigkeit kann man schon ändern. Wir sprachen vorhin vom Katzenjungen, das die Gegenstandspermanenz eher entdeckt als das Menschenbaby. Mit vier Monaten kann es Dinge,

die das Baby erst mit neun oder zehn Monaten beherrscht. Aber dann entwickelt es sich nicht weiter. Es gibt also Gründe, warum das Baby mehr Zeit braucht: die Assimilationsvorgänge sind zahlreicher und gehen tiefer. Eine zu rasche Entwicklung hat zur Folge, daß die Möglichkeit späterer Assimilationen geringer wird.
(Pause. Er denkt nach.)
Vielleicht gibt es ja einen gemeinsamen Rhythmus, eine optimale Geschwindigkeit, aber darüber weiß ich nichts. Jeder hat seine eigene. Wenn Sie ein Buch schreiben und sich dabei übereilen, wird das Buch nicht gut; wenn Sie sich aber damit verbummeln, wird es auch nicht gut. Für das Schreiben gibt es einen optimalen Rhythmus wie für die Produktion von Ideen.
J.-Cl. B.: Und doch wird hin und wieder – die Amerikaner tun es jedenfalls – von der Beschleunigung geträumt.
J. P.: Immer.
J.-Cl. B.: Warum nur?
(Er zuckt nur leicht mit den Schultern, ohne zu antworten.)
J.-Cl. B.: Lassen Sie mich folgendes sagen: Sie geben sich reserviert, sobald wir auf die weiteren Konsequenzen und die praktische Anwendung Ihrer Theorie zu sprechen kommen. Diesen Eindruck hatte ich schon vorhin, als es um das Treffen von Melun ging und auch jetzt wieder. Die pädagogischen Fragen…
J. P.: Schauen sie, ich vertrete in der Pädagogik keinen persönlichen Standpunkt. Fragen von Bildung und Erziehung interessieren mich lebhaft, denn ich glaube, daß in diesem Bereich vieles reformiert und verändert werden muß. Aber die Rolle des Psychologen besteht meiner Meinung nach darin, die Entwicklungstatsachen darzulegen, die der Pädagoge dann nutzen kann, jedoch nicht, sich an dessen Stelle zu setzen und ihm Ratschläge zu erteilen. Vielmehr ist es Aufgabe des Pädagogen, zu beurteilen, wie er die Ergebnisse der psychologischen Forschung nutzen kann. Die Pädagogik ist keine reine Anwendungslehre. Sie umfaßt auch ein ganzes Bündel von Techniken, die der Experte selber den Erfordernissen der Praxis immer neu anzupassen hat.

194

J.-Cl. B.: Haben Sie dennoch den Eindruck, daß die von Ihnen geleistete theoretische Arbeit Einfluß auf die Pädagogik hat? Wir sprachen vorhin von der Mathematik.

J. P.: In mancher Hinsicht schon.

J.-Cl. B.: Aber nicht im allgemeinen?

J. P.: Nein. Was den Mathematikunterricht betrifft, so kann man eine erstaunliche Konvergenz zwischen der strukturalen Mathematik und unseren entwicklungspsychologischen Ergebnissen feststellen. Hier wäre eine direkte Anwendung möglich. Aber wir haben gerade über die damit verbundenen Schwierigkeiten gesprochen! Andererseits fällt mir auf, wie sehr man das Experimentelle im Unterricht vernachlässigt. Das Kind erhält Unterricht, ihm werden Experimente vorgeführt, aber Anschauen ist nicht das gleiche wie selbst experimentieren. Ich bin überzeugt, daß man einen aktiven Unterricht gestalten könnte, wenn man den Kindern die Mittel an die Hand gäbe, mit denen sie experimentieren und vieles selbst entdecken können. Unter Anleitung selbstverständlich. Aber, wie schon gesagt, das alles muß der Praktiker entscheiden, der sieht, wie sich diese Dinge im Unterricht umsetzen lassen.

J.-Cl. B.: Ich stelle fest, daß Sie – ohne Pädagogik zu treiben! – das Konzept einer Pädagogik entwerfen, die nicht unbedingt üblich ist.

J. P.: Überhaupt nicht üblich. Nach landläufiger Ansicht hat die Pädagogik das Kind dem von der Gesellschaft geforderten Typus des Erwachsenen anzupassen.

J.-Cl. B.: An den Typus, der gebraucht wird…

J. P.: Ganz richtig. Ich hingegen meine, Bildung besteht darin, zur Kreativität zu ermutigen, auch wenn es nur wenige schöpferische Menschen gibt, auch wenn die Kreativität mancher Kinder gegenüber anderen beschränkt ist. Aber wir brauchen Erfinder und Neuerer, keine Konformisten.

J.-Cl. B.: Kann Ihrer Meinung nach jeder Mensch schöpferisch sein?

J. P.: Ja, in unterschiedlichen Graden allerdings: aber es gibt stets einen Bereich, in dem er es sein kann.

J.-Cl. B.: Wir reden von Kreativität. Vorhin haben sie mir ihre eigenen Rezepte dazu gegeben. Drei Rezepte.

J. P.: Keine Rezepte! Methoden.

J.-Cl. B.: Also gut, Methoden. Aber was ist mit der Begabung, das ist keine Frage der Methode. Was ist das eigentlich, Begabung? (Sehr lange Pause.)

J. P.: Das ist ein Geheimnis, ein sehr tiefes Geheimnis.

J.-Cl. B.: Eine merkwürdige Antwort für einen Wissenschaftler.

J. P.: Nein, das ist das Problem, auf das die Psychologie der Intelligenz keine sichere Antwort hat. Alle Forscher, die die Faktoren und Bedingungen des Genies näher definieren wollten, haben sich daran die Zähne ausgebissen. Das durchschaut keiner. Also ist das keine merkwürdige Antwort. Eher das Eingeständnis einer Lücke.

J.-Cl. B.: Aber wird man es eines Tages wissen?

J. P.: Das hoffe ich. Warum nicht?

J.-Cl. B.: Beschäftigen Sie sich auch mit dieser Frage?

J. P.: Aber ja. Einer meiner früheren Mitarbeiter, ein Kollege aus Amerika, Howard Gruber, arbeitet gegenwärtig mit ganzem Eifer an einer Studie über die Genese der Ideen bei einem wissenschaftlichen Genie, bei Darwin. Man glaubt gar nicht, wie komplex dieses Problem ist. Darwin hat drei, vier Jahre über der Antwort gegrübelt, die logisch in dem enthalten war, was er vier Jahre vorher bereits gesagt hatte. Ein wirklich verwickeltes Problem.

Die Studenten, die Universität

Grundlagen- und angewandte Forschung

Jean-Claude Bringuier: Wie ist Ihr Verhältnis zu den Studenten?

Jean Piaget: Im allgemeinen sehr gut, nur weiß man seit den Studentenunruhen nicht mehr, wie das alles weitergeht...

J.-Cl. B.: Seit Mai 1968?

J. P.: Seit Mai 1968. Zum Beispiel bei den Prüfungen. Die im Juli waren gut verlaufen. Anschließend haben wir eine Umfrage bei den Studenten gemacht, um zu erfahren, wie sie die Professoren einschätzen. Meine Prüfungen galten als, na ja, nicht das, was man üblicherweise erwartet, aber intelligent. Immerhin haben sie nicht aufgemuckt!

J.-Cl. B.: Wie müßte Ihrer Meinung nach die ideale Universität aussehen?

J. P.: Oh, da müßte auf jeder Stufe Forschung betrieben werden, mit begleitenden Seminaren.

J.-Cl. B.: Und möglichst wenig Vorlesungen?

J. P.: Ja.

J.-Cl. B.: Wenn Sie Vorlesungen halten, geht Ihnen das gegen den Strich?

J. P.: Nun, ich unterbreche gewöhnlich nach zwanzig Minuten meinen Vortrag und frage, ob es Fragen oder Einwände gibt. In dieser Form geht es eigentlich ganz gut. Manchmal kommt kein Echo aus dem Auditorium, dann wieder ist es sehr lebhaft und bereitet Vergnügen.

J.-Cl. B.: Sie sind Theoretiker und Praktiker zugleich, da Sie auch Experimente machen. Wie beurteilen Sie, allgemein gesprochen, das Verhältnis zwischen Grundlagen- und angewandter Forschung?

J. P.: Ach, die Grundlagenforschung wird zu oft vergessen.

J.-Cl. B.: Sie meinen, daß sie zu wenig Mittel erhält?

J. P.: Ja, das auch. Die Grundlagenforschung ist von entscheidender Bedeutung, während die Experten in der angewandten Forschung stets versucht sind, die Aspekte der Grundlagenforschung, die den Ausgangspunkt ihrer Anwendungen bilden, nicht hinreichend zu klären.

J.-Cl. B.: Und die Grundlagenforschung braucht die langfristige Perspektive, während die zuständigen Stellen, die das Sagen haben und über die Zuteilung der Mittel entscheiden, eher kurzfristige Ziele verfolgen, nicht wahr?

J. P.: So ist es. Vor allem aber führt die Grundlagenforschung zu ganz ungeahnten praktischen Anwendungen. Anders bei der angewandten Forschung, wo das Feld von vornherein abgesteckt und vieles ausgegrenzt wird und Probleme angegangen werden, die sich später oft als gar nicht ergiebig für die technische Anwendung erweisen. Denken Sie nur an Maxwell, der mit seinen symmetrischen Gleichungen mehr für die technische Anwendung der elektrischen Energie getan hat, als alle seine zeitgenössischen Kollegen, die nur angewandte Forschung betrieben. Die Maxwellschen Gleichungen, die aus dem Bestreben nach Systematisierung und größtmöglicher Einfachheit im Feld der Elektrodynamik geschaffen wurden, sind die Frucht einer rein mathematischen Arbeit, der es um Symmetrie und Eleganz ging. Herausgekommen ist eine bewundernswert schlüssige Theorie und obendrein ein breites Anwendungsfeld, die ganze Elektrizität samt ihrer technischen Nutzungen, das Radio und vieles mehr. Und hinter allem stehen die Maxwellschen Gleichungen!

J.-Cl. B.: Sie waren eine Zeitlang in Princeton. Sind Sie dort auch Einstein begegnet?

J. P.: Ja, und wir haben anschließend miteinander korrespondiert. Das Erstaunliche an ihm war seine Geistesfrische. Er konnte sich für alles begeistern, hörte mit wissenschaftlicher Neugier allem zu, was man ihm erzählte, auch Kinderpsychologie interessierte ihn.

J.-Cl. B.: Das bereitete ihm Vergnügen?

J. P.: Ja, er fand es vergnüglich, aber nachdem er die Probleme erkannt hatte, und das dauerte bei ihm nicht lange, überblickte er sofort die ganze Problematik. Er sagte: »Danach suchen Sie also.«

J.-Cl. B.: Die Raschheit…

J. P.: Wirklich unglaublich! Er erkannte auf den ersten Blick, worauf es ankam.

J.-Cl. B.: Was hat ihn an Ihren Forschungen besonders interessiert?

J. P.: Das war das Problem der Geschwindigkeit und der Zeit – darauf hatte er mich schon früher aufmerksam gemacht –, die Frage, ob es eine ursprüngliche Intuition der Geschwindigkeit gibt. Was ihn bei unserer Begegnung in Princeton besonders beeindruckte, war aber das Problem der Mengenerhaltung.

J.-Cl. B.: Was denn, die Knetekugeln…

J. P.: Vor allem das Umgießen von Flüssigkeiten. Wasser wird von einem Becherglas in ein anders geformtes Glas gegossen, ohne die Menge zu ändern. Er hatte Vergnügen daran zu sehen, welche Mühen und Umwege es kostet, ehe man zu einer solch einfachen Erkenntnis gelangt. Er sagte. »Das ist ja komplizierter als Physik!«

J.-Cl. B.: Und Oppenheimer?

J. P.: Den habe ich auch kennengelernt. Aber nur kurz, er hatte viel zu tun.

J.-Cl. B.: Wann war das?

J. P.: Um die gleiche Zeit, 1953 oder um 1953/1954 herum, in seinem Institut in Princeton, dem auch Einstein angehörte.

J.-Cl. B.: Sicherlich war Oppenheimer von den Erfahrungen mit dem Bau der Atombombe gezeichnet?

J. P.: Ja, seitdem lag eine gewisse Traurigkeit über seinem Gemüt.

J.-Cl. B.: Glauben Sie, daß es richtig war, was die Amerikaner gemacht haben, ich meine die Bombe?

J. P.: Nein, selbstverständlich nicht! Nein, und Oppenheimer dachte ebenso.

J.-Cl. B.: Die Amerikaner haben die Bombe gebaut, aus Furcht, die Physiker in Deutschland könnten es vor ihnen tun.

J. P.: Ja, sicher. Was hätte man an ihrer Stelle getan? Die Bombe wäre doch gebaut worden.

J.-Cl. B.: Und Sie?

J. P.: Ach wissen Sie, der Nazismus war eine solche Gefahr…

Auf der Suche nach dem Neuen

Wie kommt man zum Neuen? Das ist wohl die Kernfrage
meines Lebens.
JEAN PIAGET

Juni 1976

Jean Piaget: Was wir gegenwärtig untersuchen, ist die Frage, wie
Neues möglich ist. Wie kann eine Idee, die in der Vorstellung eines
Subjekts aufgetaucht ist, neue Möglichkeiten erschließen und
neue Wege bahnen?

Jean-Claude Bringuier: Und den Wissensstand verändern?

J. P.: Den Wissensstand und alles übrige. Die Problemstellung…

J.-Cl. B.: Das Subjekt, von dem Sie reden, kann ein Kind, aber
auch ein Wissenschaftler sein?

J. P.: Dieses Problem ist der Wissenschaftsgeschichte und der
Intelligenzentwicklung gemeinsam. In der Wissenschaftsgeschichte ist es die Heuristik, beim Kind das gleiche nur in klei-
nerem Maßstab. Wir haben uns also ans Werk gemacht, viel gearbeitet und sehr viel mehr entdeckt, als wir anfänglich glaubten.
Wir meinten anfangs, das Problem sei begrenzt. Tatsächlich gibt
es aber gewaltige Unterschiede, je nach der Entwicklungsstufe
des Subjekts.

J.-Cl. B.: Des Kindes?

J. P.: Ja, aber vorweg noch ein Wort zu den Verfahren: es handelt
sich z. B. darum, Gegenstände zu kombinieren, Klötze auf einem
Karton auf alle möglichen Weisen zu verschieben oder alle möglichen Wege zwischen einem Punkt A und einem Punkt B anzuge-

ben, etwa von einem Haus zu einem Baum. Oder es geht darum, Hypothesen aufzustellen, wie ein zur Hälfte in Watte gehüllter Gegenstand, von dem man nur die obere Partie sieht, wohl unten aussehen könnte. Bei den Kleinen, den Vier- bis Fünfjährigen, fällt auf, wie gering doch ihre geistige Beweglichkeit ist, über wie wenige Möglichkeiten zu Neuem sie verfügen. Zum Beispiel sollen sie mit drei Stäbchen ein Dreieck konstruieren. Sie machen also ein Dach und wollen dann die Figur unten schließen, aber die Basis ist zu kurz. Es würde genügen, die oberen Stäbchen ein wenig zusammenzurücken, nur ein paar Millimeter, um ein Dreieck zu erhalten. Auch sie möchten eine schöne geschlossene Figur, aber sie kommen einfach nicht auf die Idee. Das ist ein Beispiel. In der weiteren Entwicklung, ab sieben Jahren, beginnt das Kind dann mit der Basis und zeigt, daß man alle gleichseitigen, gleichschenkligen oder ungleichseitigen Dreiecke von derselben Basis aus konstruieren kann.

J.-Cl. B.: Hier ist also eine Bereicherung festzustellen.

J. P.: Eine beachtliche. Nehmen wir die Aufgabe mit dem halbverhüllten Gegenstand. Auf die Frage, was wohl darunter stecke, können sich die Kleinen nur ein symmetrisches Pendant zum sichtbaren Teil vorstellen. Ist der sichtbare Teil ein Dreieck, dann ist auch ein Dreieck darunter, bei einem Halbkreis oben ist es ebenfalls ein Halbkreis unten usw. Wohingegen Kinder mit sieben Jahren mögliche Varianten nennen. Das Schöne daran ist, daß sich bei allen Untersuchungen, und wir haben gut ein Dutzend durchgeführt, mit elf, zwölf Jahren alles ändert: z.B. bei den möglichen Wegen zwischen A und B geben die Kleinen nur eine Gerade an, und damit hat es sein Bewenden. Später probieren sie mehrere Möglichkeiten aus. Mit sieben Jahren bieten sie schon ein kleines Programm an, die Strecke kann gerade, gekrümmt oder zickzackförmig sein. Mit elf Jahren dann… Ich erinnere mich besonders an ein Kind, das gleich zu Anfang gesagt hat: »Was soll ich Ihnen antworten, da gibt es unendlich viele Möglichkeiten, das ist unendlich.« Und unendlich kann in qualitativer Hinsicht alles Beliebige heißen, und quantitativ meint es unbegrenzt. Bei jeder Untersuchung kann man je nach der Altersstufe eine ganz erstaunliche Entwicklung feststellen.

J.-Cl. B.: Mit »unbegrenzt« wollte das Kind sagen, daß…

J. P.: »Unbegrenzt« ist mein Ausdruck, die Kinder sagen einfach unendlich. »Da gibt es unendlich viele« oder: »Das ist unendlich« oder: »Ich kann Ihnen so viele zeigen, wie Sie wollen«. Bei den Objekten, die auf einen Karton plaziert werden, drei Würfel, drei Klötze, sagt das Kind von sieben Jahren das gleiche: »Das ist unendlich, die kann man auf alle möglichen Arten verteilen«. Wenn man ihm dann die Frage stellt: »Wenn die Fläche des Kartons aber kleiner wäre, wenn man statt dieses großen Quadrats ein kleines hätte?« Dann lautet seine Antwort: »Das bleibt sich gleich, nur mißt man dann nicht in Zentimetern, sondern in Millimetern.« Der Junge, von dem ich vorhin sprach und der Geige spielen lernte, hat dazu die Bemerkung gemacht: »Das ist wie bei der Geige, am einen Ende hat man Töne, die in gewissen Abständen voneinander liegen, und am anderen Ende drängen sie sich immer mehr zusammen. Ganz gleich, wie groß die Oberfläche des Kartons ist, man kann immer…«

J.-Cl. B.: Man kann immer weiter unterteilen.

J. P.: Ja, die Möglichkeiten sind immer unendlich.

J.-Cl. B.: Kann das, wovon Sie gerade berichtet haben, die Genese der Ideen, mit der Wissenschaftsgeschichte verglichen werden? Denn das ist doch eine Frage, die Sie beschäftigt.

J. P.: Ja, voll und ganz. In beiden Fällen entsteht die neue Idee aus einer Verbindung zwischen den Ausgangsfakten und der Fragestellung einerseits und andererseits den Verfahren, die das Subjekt zur Lösung erfindet. Die Verbindung von Ausgangsfakten und Lösungsverfahren, das ist der allgemeine Mechanismus. Die große Frage ist nun – und besonders in der Wissenschaftsgeschichte stellt sie sich –: War das Mögliche im Vorangegangenen schon vorhanden, war es prädeterminiert, oder ist es tatsächlich eine Neuschöpfung? Nun…

J.-Cl. B.: Ich kann mir die Antwort schon denken…

J. P.: Ja, die Antwort drängt sich auf. Nehmen wir an, es sei prädeterminiert. Das hieße, es »existiert« – existiert in Anführungszeichen – eine Menge von Möglichem innerhalb des Objekts. Aber wie soll man sich diese Menge denken? Zuerst einmal ist es keine definierte Menge, denn das Ganze ist im Fluß, jedes einzelne Mögliche hängt mit anderem Möglichem zusammen, keiner weiß, wo das Ganze endet. Spricht man von der Menge alles Möglichen, dann ist das eine logische Antinomie, ebenso wie die Menge aller Mengen, denn die Gesamtheit alles Möglichen ist wiederum ein Mögliches. Und was wäre diese Gesamtheit, wenn sie sich unendlich erstreckte? Schließlich drittens, unter der Menge des Möglichen, deren jedes auf einem bestimmten Verfahren beruht, sind solche, die richtig sind, aber es gibt auch falsche darunter, und das Falsche steckt dann ebenfalls im Möglichen, denn das Mögliche ist die Menge der Hypothesen, von denen manche wahr und manche falsch sind. Um nun auf die Vorstellung von der Prädetermination zurückzukommen, dieses falsche Mögliche…

J.-Cl. B.: Was machen wir damit?

J. P.: Ein Autor war in dieser Hinsicht von bewundernswerter Konsequenz: Bertrand Russell. Als Platoniker, der er zu Beginn seiner Philosophenlaufbahn war, meinte er, daß alle logisch-mathematischen Ideen seit aller Ewigkeit in einer nicht weiter bestimmten Form präexistieren und daß das Subjekt auf die gleiche Weise von ihnen Kenntnis erlangt, wie es durch Wahrnehmung Daten über die äußere Welt erlangt. Was macht man also mit den falschen Ideen? Streng logisch wie Russell nun einmal war, lautet seine Antwort: »Die falschen Ideen existieren, neben den wahren, seit aller Ewigkeit in jener Wühlkiste des Möglichen, genauso wie es neben roten Rosen auch weiße gibt.« Später ist er selber von dieser absurden Ansicht abgerückt, aber ich zitiere dieses Beispiel nur, um die

Unmöglichkeit der Prädetermination des Möglichen zu zeigen. Hier handelt es sich wirklich um eine Öffnung auf etwas Neues hin, eine mühsame Öffnung, wie man an den Vier- bis Fünfjährigen sehen kann.

J.-Cl. B.: Und diese Untersuchung ist abgeschlossen?

J. P.: Ja, die Untersuchung ist abgeschlossen, aber die Ergebnisse sind noch nicht ausformuliert. Wir werden sie in diesen Tagen bei unserem Symposium vor unseren Gästen darlegen und erwarten deren Kritik.

J.-Cl. B.: Und am Ende kommt ein Buch heraus?

J. P.: Ja, gewiß. Ich habe damit schon angefangen. Sonntag, wenn das Symposium zu Ende ist, schreibe ich weiter.

J.-Cl. B.: Aber dieses Mögliche, so wie Sie es beschreiben, ist dann also im Wissen des Subjekts, wenn es nicht »prädeterminiert im Objekt« existiert?

J. P.: Aus meiner Sicht existiert das physikalisch, d. h. in bezug auf unbelebte Objekte, Mögliche nur im Geist des Physikers. Es ist ein deduktives System, ein Modell, das der Physiker der realen Wirklichkeit überstülpt, und das Reale ist nur erklärbar, sofern es auf dieses System von möglichen Variationen bezogen wird, die ihrerseits in notwendigen Beziehungen zueinander stehen…

J.-Cl. B.: Die des Physikers oder des Kindes?

J. P.: Des Physikers, aber für das Kind gilt gleiches, von der Beziehung der Notwendigkeit abgesehen, die erst später erscheint. Nehmen wir zum Beispiel das berühmte Prinzip* der virtuellen Arbeit nach d'Alembert: ein System ist im Gleichgewicht, wenn die an jedem Teilchen angreifende Gesamtkraft verschwindet, d. h., wenn die vom Physiker berechneten möglichen Transforma-

---

* »un système est en équilibre quand les travaux virtuel se compensent exactement…« Übersetzung unter Rückgriff auf Zitat aus H. Goldstein: *Klassische Mechanik*, Wiesbaden 1985, S. 16. (A. d. Ü.)

tionen des Systems sich aufheben, wenn ihre algebraische Summe gleich Null ist. In diesem Fall ist die virtuelle Arbeit eine Deduktion des Physikers, während das Objekt selbst im statischen Gleichgewicht ist; es bewegt sich nicht. Ich behaupte also, daß hinsichtlich des Objekts der Physik das Mögliche stets in Relation zum Subjekt steht, das es interpretiert. Anders verhält es sich in der Biologie. Dort stellt das Mögliche ein anderes Problem dar. Nehmen wir einen Genotyp oder einen Genpool, der eine Reihe möglicher Variationen enthält. Das sind Phänotypen, die aus der Wechselwirkung des Genotyps, des Genoms, mit der Umwelt hervorgehen. Die Gesamtheit der möglichen Variationen stellt die sogenannte Reaktionsnorm des Genoms oder Genpools dar, d. h., bestimmte Variationen sind mit dem genetischen System verträglich, andere nicht, entstehen also erst gar nicht oder sind nicht lebensfähig. Der Begriff der Reaktionsnorm umfaßt also das Mögliche, aber diesmal in Relation zum Organismus selbst. Warum wird in der Biologie das Mögliche im Organismus situiert, während in der Physik das Mögliche dem Subjekt zugesprochen wird? Darauf antworte ich, daß der Organismus bereits ein Subjekt ist, es ist der Ausgangspunkt des geistigen Subjekts…

J.-Cl. B.: Es ist kein Objekt wie alle anderen…

J. P.: Nein, ein Organismus strebt Zwecke an, in ihm ist eine Teleonomie, die das Objekt der Physik nicht hat, und außerdem benutzt er Verfahren, um diese Zwecke zu erreichen. Ferner ist er möglicherweise der Ausgangspunkt für die Erkenntnis. In allen genannten Punkten ist der Organismus, auch wenn er nur morphologische Varianten hervorbringt, ein aktives Subjekt, das mit Verfahren die Zwecke seiner inneren Teleonomie anstrebt, also seine Selbsterhaltung, seine Vermehrung usw.

J.-Cl. B.: Stoßen wir hier nicht wieder auf einen Ihrer grundlegenden Gedanken, daß es nämlich keinen Bruch zwischen dem Biologischen und der Erkenntnis gibt?

J. P.: Sicher, die Quelle des Möglichen ist im Organismus, aber seine Entfaltung findet es in den logisch-mathematischen Wissenschaften.

J.-Cl. B.: Zeichnet sich am Ende dieser Untersuchung – denn Sie sind zu Ergebnissen gekommen – bereits das nächste Forschungsvorhaben ab?

J. P.: Ja, natürlich… Was nun ansteht, ist eine Untersuchung der Etappen des Notwendigen. Das Notwendige ist stets mit dem Möglichen verbunden. Bei einem System, dessen mögliche Variationen deduzierbar und untereinander koordiniert sind, liegt eine Beziehung der Notwendigkeit vor. Dies gilt es nun näher zu untersuchen. Wir werden in der kommenden Forschungsperiode damit beginnen, aber schon bei den Untersuchungen zum Begriff des Möglichen haben wir ein Phänomen beobachtet, das wir eigentlich hätten voraussehen können, das uns aber doch durch seine allgemeine Verbreitung in Erstaunen gesetzt hat. Ich meine die Pseudo-Notwendigkeit. Kinder glauben zum Beispiel, daß alle Vierecke auf ihrer Basis stehen müssen. Stellt man nun ein Viereck auf eine Ecke, dann ist es für sie kein Viereck mehr, sondern zwei Dreiecke, und andere Pseudo-Notwendigkeiten mehr. Oder ein Kind, das ich einmal gefragt habe: »Warum scheint der Mond nur nachts und nicht auch tagsüber?« antwortet: »Das ist nicht der Mond, der das bestimmt.« Hier also Verwechslung der Tatsachenordnung und der normativen Ordnung, der Allgemeingültigkeit und der Notwendigkeit, was nicht das gleiche ist. Die Pseudo-Notwendigkeit ist mit Blick auf das Mögliche hochinteressant, denn sie ist eine Quelle für Beschränkungen. Sich neuen Möglichkeiten öffnen heißt, sich von Pseudo-Notwendigkeit befreien, um die wirklichen Variationen zu erreichen.

J.-Cl. B.: Das ist also das neue Forschungsgebiet?

J. P.: Ja, es ist die Evolution des Notwendigen.

J.-Cl. B.: Und was danach kommt, wissen Sie noch nicht?

J. P.: Ich habe dazu bereits meine Hypothese. Die anfänglich waltende pseudo-notwendige Wirklichkeit stellt eine Phase der fehlenden Scheidung zwischen Möglichem und Notwendigem in der

Wirklichkeit dar. Dann differenzieren sich diese drei Bereiche, und am Ende wird das Wirkliche von zwei Seiten her absorbiert: jedes reale Phänomen ist eine Aktualisierung aus dem Bereich des Möglichen, und andererseits wird jedes reale Phänomen insofern notwendig, als es Bestandteil jenes Systems möglicher Variationen geworden ist, aber mit der Beziehung der Notwendigkeit als Bestandteil eines deduzierbaren Modells. Damit aber wird das Wirkliche zum Schnittpunkt des Möglichen und des Notwendigen. So in etwa lautet die Hypothese.

J.-Cl. B.: Und dann? Kann man durch diese noch zu leistenden Forschungen schon erahnen, wie es weitergeht?

J. P.: Man müßte dann, glaube ich, entweder den Mechanismus der kognitiven Regulierungen untersuchen oder den Begriff der Reziprozität…

J.-Cl. B.: Da muß man sich entscheiden…

J. P.: Ja, mehrere Forschungsprojekte sind denkbar. Aber mir genügt es, wenn ich ein Programm für das kommende Jahr habe.

J.-Cl. B.: Selbstverständlich. Ich habe mich auch nur gefragt, ob Sie manchmal in die Verlegenheit kommen, nach Abschluß eines Projekts sich unter mehreren möglichen Fortsetzungen entscheiden zu müssen.

J. P.: Ja, das passiert schon.

J.-Cl. B.: Was gibt dann den Ausschlag für eine bestimmte Wahl?

J. P.: Man kann mit der Arbeit weitermachen, die am einfachsten scheint. Oder man sucht sich die aus, die die meisten Fragen hinsichtlich unserer allgemeinen Theorie aufwirft, die noch zu viele Lücken aufweist.

J.-Cl. B.: Vielleicht täusche ich mich, aber Sie scheinen mir bei ihren Forschungen, bei dem stückweise eroberten Neuland, nach dem Prinzip der Verschachtelung vorzugehen: nachdem ein Forschungsprojekt abgeschlossen ist, wird das Resultat Teil einer neuen Forschungsreihe. Ist das so?

J. P.: Das wäre das Ideal. (Pause.) Mir wird vorgeworfen…

J.-Cl. B.: Was wird Ihnen vorgeworfen?

J. P.: Die Empiriker werfen mir vor, ein System zu haben. Immer wird vom Piagetschen System geredet. Dabei habe ich nie ein System konstruiert. Ich verbinde nur im nachhinein, was in einer Abfolge steht. Bei jedem neuen Problem habe ich stets vor dem Unbekannten gestanden. Die Resultate werden an das angeschlossen, was vorher bearbeitet wurde. So entsteht zwar ein System, aber keines, das im Blick auf neue Forschungen bereits festgelegt wäre. Das liegt mir fern.

J.-Cl. B.: Ihre Forschungen bilden eine Sequenz wie die Stadien der Intelligenzentwicklung. Im Grunde stehen Sie fest im Piagetschen Geist. (Lacht.)

J. P.: Früher tat ich das weniger. Aber jetzt beginnt es doch.

Über sein Werk schreibt Jean Piaget: »Ich habe die Überzeugung, und die Zukunft wird lehren, ob sie illusorisch oder fundiert ist und welcher Anteil der Wahrheit oder bloß stolzer Hartnäckigkeit zukommt, ich habe also die Überzeugung, ein Knochengerüst freigelegt zu haben, das eine gewisse Evidenz besitzt, zugleich aber noch viele Lücken aufweist. Werden diese Lücken im Zuge weiterer Forschungen gefüllt, wird man auch die Gelenkstellen auf vielfältige Weise differenzieren, ohne indes den allgemeinen Entwurf des Systems anzutasten.

Die Geschichte der experimentellen Wissenschaften bietet hierfür eine Fülle lehrreicher Beispiele. Folgt eine neue Theorie auf eine alte, macht es zuerst den Eindruck, als widerlege und eliminiere sie die alte, während sich dann in der weiteren Forschung herausstellt, daß an der alten mehr Bewahrenswertes ist als anfänglich angenommen. Mein stiller Ehrgeiz ist daher, daß die Thesen, die man gegen meine Theorie aufstellen könnte, sich am Ende nicht als Widerspruch zu meinen Behauptungen erweisen, sondern als Folge eines normalen Differenzierungsvorgangs...«[1]

---

1 In: *Archives de psychologie*, Bd. XLIV, Nr. 171, Juni 1976.

Bibliographischer Abriß zum Werk
Jean Piagets

1923
Le langage et la pensée chez l'enfant, Neuenburg/Paris, 319 S.
(*Sprechen und Denken des Kindes*, Düsseldorf 1971.)

1927
La causalité physique chez l'enfant, Paris, 347 S.

1929
La représentation du monde chez l'enfant, Paris, 424 S.
(*Das Weltbild des Kindes*, Stuttgart 1978; Berlin 1980.)

1932
Le jugement moral chez l'enfant, Paris, 378 S. (*Das moralische Urteil beim Kinde*, Zürich 1954; Frankfurt 1973; 2. veränderte Aufl. Stuttgart 1983; München 1986.)

1936
La naissance de l'intelligence chez l'enfant, Neuenburg/Paris, 429 S.
(*Das Erwachen der Intelligenz beim Kinde*, Stuttgart 1969.)

1937
La construction du réel chez l'enfant, Neuenburg/Paris, 398 S.
(*Der Aufbau der Wirklichkeit beim Kinde*, Stuttgart 1974.)

217

1941
Mit A. Szeminska: *La genèse du nombre chez l'enfant*, Neuenburg/Paris, 308 S. (*Die Entwicklung des Zahlbegriffes beim Kind*, Stuttgart 1965.)
Mit B. Inhelder: *Le développement des quantités physiques chez l'enfant*, Neuenburg/Paris, 344 S. (*Die Entwicklung der physikalischen Mengenbegriffe beim Kinde. Erhaltung und Atomismus*, Stuttgart 1969.)

1946
La formation du symbole chez l'enfant, Neuenburg/Paris, 308 S. (*Nachahmung, Spiel und Traum. Die Entwicklung der Symbolfunktion beim Kinde*, Stuttgart 1969.)
Le développement de la notion du temps chez l'enfant, Paris, 298 S.
Les notions de mouvement et de vitesse chez l'enfant, Paris, 284 S.

1947
La psychologie de l'intelligence, Paris, 212 S. (*Psychologie der Intelligenz*, Zürich 1948; Olten 1972; München 1976; Stuttgart 1984.)

1948
Mit B. Inhelder: *La représentation de l'espace chez l'enfant*, Paris, 581 S. (*Die Entwicklung des räumlichen Denkens beim Kinde*, Stuttgart 1971.)
Mit B. Inhelder und A. Szeminska: *La géometrie spontanée*, Paris, 514 S. (*Die natürliche Geometrie des Kindes*, Stuttgart 1974.)

1949
Traité de logique. Essai de logistique opératoire, Paris, 423 S.

1950
Introduction à l'épistémologie génétique, Bd. I: *La pensée mathématique*, Paris, 361 S.; Bd. II: *La pensée physique*, 355 S.; Bd. III: *La pensée biologique, la pensée psychologique et la pensée sociologique*, 344 S. (*Die Entwicklung des Erkennens. I: Das mathematische Denken*, Stuttgart 1972; II: *Das physikalische Denken*, Stuttgart 1973; III: *Das biolo-*

218

gische Denken; das psychologische Denken; das soziologische Denken,
Stuttgart 1973.)

1951
Mit B. Inhelder: *La genèse de l'idée de hasard chez l'enfant,* Paris, 265 S.

1952
Essai sur les transformations des opérations logiques. Les 256 opérations ternaires de la logique bivalent des propositions, Paris, 239 S.

1953
Logic and psychology, Manchester, 48 S.; NEW YORK, 48 S.

1955
Mit B. Inhelder: *De la logique de l'enfant à la logique des l'adolescent,*
Paris, 314 S. (*Von der Logik des Kindes zur Logik des Heranwachsenden,* Olten/Freiburg 1977; Stuttgart 1980.)

1959
Mit B. Inhelder: *La genèse des structures logiques élémentaires.*
Classifications et sériations, Neuenburg/Paris, 295 S. (*Die Entwicklung der elementaren logischen Strukturen,* I und II, Düsseldorf 1973.)

1961
Les mécanismes perseptifs. Modèles probabilistes, analyse génétique,
relations avec l'intelligence, Paris, 457 S.

1964
Six études de psychologie, Genf, 188 S. (dt. Übersetzung siehe
Psychologie et pédagogie, 1969.)

1965
Études sociologiques, Genf, 202 S.
Sagesse et illusions de la philosophie, Paris 286 S.
(*Weisheit und Illusionen der Philosophie,* Frankfurt 1973.)

1966

Mit B. Inhelder und anderen: *L'image mental chez l'enfant. Étude sur le développement des représentations imagées*, Paris, 461 S. (*Die Entwicklung des inneren Bildes beim Kind*, Frankfurt 1979.)

Mit B. Inhelder: *La psychologie de l'enfant*, Paris, 126 S. (*Die Psychologie des Kindes*, Olten 1972; Frankfurt 1977; Stuttgart 1980; München 1986.)

1967

Biologie et connaissance, Paris 430 S. (*Biologie und Erkenntnis. Über die Beziehungen zwischen organischen Regulationen und kognitiven Prozessen*, Frankfurt 1974.)

Logique et connaissance scientifique (Hrsg. Piaget) 1345 S.

1968

Mit B. Inhelder und anderen: *Mémoire et intelligence*, Paris, 487 S. (*Gedächtnis und Intelligenz*, Olten 1972; Stuttgart 1980.)

Le structuralisme, Paris, 124 S. (*Der Strukturalismus*, Olten 1973; Stuttgart 1980.)

1969

Psychologie et pédagogie, Paris, 264 S. (Mit *Six études de psychologie*, 1964: *Erziehung und Methoden der modernen Erziehung*, Frankfurt a. M. 1987.)

1970

L'épistémologie génétique, Paris, 126 S. (*Abriß der genetischen Epistemologie*, Olten 1974; Stuttgart 1980.)

Genetic epistemology, New York/London, 84 S. (*Einführung in die genetische Erkenntnistheorie*, Frankfurt 1973.)

Psychologie et épistémologie (Aufsätze von 1947–1970), Paris 187 S.

1972

Problèmes de psychologie génétique, Paris, 174 S.

Épistémologie des sciences de l'homme, Paris, 380 S. (*Erkenntnistheorie der Wissenschaften vom Menschen*, Berlin 1973.)

Où va l'éducation? Paris, 138 S. (Die Zukunft unseres Bildungssystems, in: Jean Piaget: *Das Recht auf Erziehung und die Zukunft unseres Bildungssystems. Zwei Essays*, München 1975.)

1974

Mit den Mitarbeitern des Zentrums für genetische Erkenntnistheorie: *La prise de conscience*, Paris, 283 S.

Adaptation vitale et psychologie de l'intelligence. Sélection organique et phénocopie, Paris, 109 S. (*Biologische Anpassung und Psychologie der Intelligenz*, Stuttgart 1975.)

Mit den Mitarbeitern des Zentrums für genetische Erkenntnistheorie: *Réussir et comprendre*, Paris, 255 S.

1976

Le comportement, moteur de l'évolution, Paris. (*Das Verhalten – Triebkraft der Evolution*, Salzburg 1980).

1980

Les formes élémentaires de la dialectique, Paris, 249 S.

1981/1983

Le possible et le nécessaire: 1: *L'évolution des possibles chez l'enfant*, Paris, 188 S.; 2: *L'évolution du nécessaire chez l'enfant*, Paris, 173 S.

1983

Mit R. Garcia: *Psychogenèse et histoire des sciences*, Paris.

Studien zur genetischen Erkenntnistheorie

Veröffentlicht unter Leitung Jean Piagets, Paris, bei den Presses universitaires de France *(Bibliothèque scientifique internationale)*.

Berth, E./Mays, W./Piaget, J.: *Épistémologie génétique et recherche psychologique*, 1957, 134 S.
Apostel, L./Mandelbrot, B./Piaget, J.: *Logique et équilibre*, 1957, 173 S.
Apostel, L./Mandelbrot, B./Morf, A.: *Logique, Langage et théorie de l'information*, 1957, 207 S.
Apostel, L./Mays, W./Morf, A./Piaget, J.: *Les liaisons analytiques et synthétiques dans les comportements du sujet*, 1957, 145 S.
Jonckheere, A./Mandelbrot, B./Piaget, J.: *La lecture de l'expérience*, 1958, 150 S.
Bruner, J./Bresson, F./Morf, A./Piaget, J.: *Logique et perception*, 1958, 204 S.
Gréco, P./Piaget, J.: *Apprentissage et connaissance*, 1959, 185 S.
Apostel, L./Jonckheere, A./Matalon, B.: *Logique, apprentissage et probabilité*, 1959, 186 S.
Morf, A./Smedslund, J./Vinh-Bang/Wohlwill, J.: *L'apprentissage des structures logiques*, 1959, 139 S.
Goustard, M./Gréco, P./Matalon, B./Piaget, J.: *La logique des apprentissages*, 1959, 195 S.

Gréco, P./Grize, J.-B./Papert, S./Piaget, J.: *Problèmes de la construction du nombre*, 1960, 217 S.

Berlyne, D./Piaget, J.: *Théorie du comportement et opérations*, 1960, 127 S.

Gréco, P./Morf, A.: *Structures numériques élémentaires*, 1962, 232 S.

Berth, E./Piaget, J.: *Épistémologie mathématique et psychologie*, 1961, 352 S.

Apostel, L., Grize, J.-B./Papert, S./Piaget, J.: *La filiation des structures*, 1963, 196 S.

Berth, E./Grize, J.-B./Martin, R./Matalon, B./Piaget, J.: *Implication, formalisation et logique naturelle*, 1962, 195 S.

Gréco, P./Inhelder, B./Matalon, B./Piaget, J.: *La formation des raisonnements récurrentiels*, 1963, 321 S.

Vinh-Bang/Gréco, P./Grize, J.-B./Hatwell, Y./Piaget, J./Seagrim, G. /Vurpillot E.: *L'épistémologie de l'espace*, 1964, 283 S.

Vinh-Bang/Lunzer, E.: *Conservations spatiales*, 1965, 150 S.

Grize, J.-B./Henry, K./Meylan, M./Orsini, F./Piaget, J./Van den Bogaert-Rombouts, N.: *L'épistémologie du temps*, 1966, 203 S.

Bovet, M./Gréco, P./Papert, S./Voyat, G.: *Perception et notion du temps*, 1967, 184 S.

Cellerier, G./Papert, S./Voyat, G.: *Cybernétique et épistémologie*, 1968, 142 S.

Piaget, J./Grize, J.-B./Szeminska, A./Vinh-Bang: *Épistémologie et psychologie de la fonction*, 1968, 238 S. (*Epistemologie und Psychologie der Funktion*, Stuttgart 1977.)

Piaget, J./Sinclair, H./Vinh-Bang: *Épistémologie et psychologie de l'identité*, 1968, 208 S.

Bunge, M./Halbwachs, F./Kuhn, T./Piaget, J./Rosenfeld, L.: *Les théories de la causalité*, 1971, 208 S.

Piaget, J./Garcia, R.: *Les explications causales*, 1971, 190 S.

Piaget, J. u. a.: *La transmission des mouvements*, 1972, 241 S.

Piaget, J. u. a.: *La direction des mobiles lors de chocs et de poussées*, 1972, 249 S.

Piaget, J. u. a.: *La formation de la notion de force*, 1973, 243 S.

Piaget, J. u. a.: *La composition des forces et le problème des vecteurs*, 1973, 183 S.

Piaget, J. u. a.: *Recherches sur la contradiction. I: Les différentes formes de la contradiction*, 1974, 147 S.

Piaget, J. u. a.: *Recherches sur la contradiction. II: Les relations entre affirmations et négations*, 1974, 178 S.

Piaget, J.: *L'équilibration des structures cognitives. Problème central du développement*, 1975, 188 S. (*Die Äquilibration der kognitiven Strukturen*, Stuttgart 1976.)